Maha Alusi

Moments of Happiness

*„Wir können die Zeit nicht anhalten, aber wir können
jeden vorüberziehenden Augenblick genießen."*

Übersetzt von Stefan Pethke
Mit Illustrationen von Maha Alusi

Verlagsgruppe Random House FSC® N001967
Das für dieses Buch verwendete FSC®-zertifizierte Papier
Tauro liefert Sappi, Stockstadt.

1. Auflage
Originalausgabe
© 2015 Kailash Verlag, München,
in der Verlagsgruppe Random House GmbH

Lektorat: Judith Momo Henke
Satz, Layout und Bildbearbeitung: WACH designstudio
Umschlaggestaltung: ki 36, Sabine Krohberger Editorial Design, München
Umschlagmotiv: Studiojumpee/Shutterstock
Druck und Bindung: Mohndruck, Gütersloh
Printed in Germany

ISBN 978-3-424-63109-8
www.kailash-verlag.de

Widmung

Für meinen lieben Vater, meinen Baba.
Mit diesem Buch erfülle ich deinen Traum. Ich bin mit deinen Geschichten über unsere Vorfahren aufgewachsen und habe von dir erfahren, was sie uns über die Zeit lehren. Es war stets dein Ziel, diese Gedanken in einem Buch festzuhalten. Als du spürtest, dass deine Tage sich dem Ende neigen, batest du mich, diese Aufgabe zu vollenden. Ich trug deinen Wunsch über Jahre in meinem Herzen. Das Universum gab mir die Gelegenheit, ihn dir zu erfüllen, deinen Traum wahr werden zu lassen. Hier ist es, Baba: In diesem Buch verwebe ich Zeit mit Liebe. Das hast du mich immer gelehrt und das habe ich all die Jahre zu verwirklichen versucht: die Zeit in Worten und in Bildern begreifbar zu machen.

Für meine liebe Mutter, meine Mama.
Du gibst mir Zauberkraft, du verleihst der Liebe eine Bedeutung.

Inhaltsverzeichnis

Ich sehe das
Leben als eine Linie mit
einem Anfang und einem Ende.

Die Leben der Menschen um mich herum. Die Leben
von Menschen, die vor mir auf die Welt kamen und
starben. Die Leben von Menschen, die nach mir auf
die Welt kommen und sterben werden.

Viele Linien, manche kurz, manche lang,
und alle haben sie einen Anfang und
ein Ende.

9

Als ich
jung war, schien
die Zeit unendlich.

Ich sah Geburten und unendliches Leben.
Ich sah nie endende Anfänge. Als ich älter
wurde, sah ich die Zeit in einem größeren
Rahmen. Ich sah, dass das Leben ein Ende hat.

Und doch erschien mir mein eigenes
Leben noch immer
unendlich.

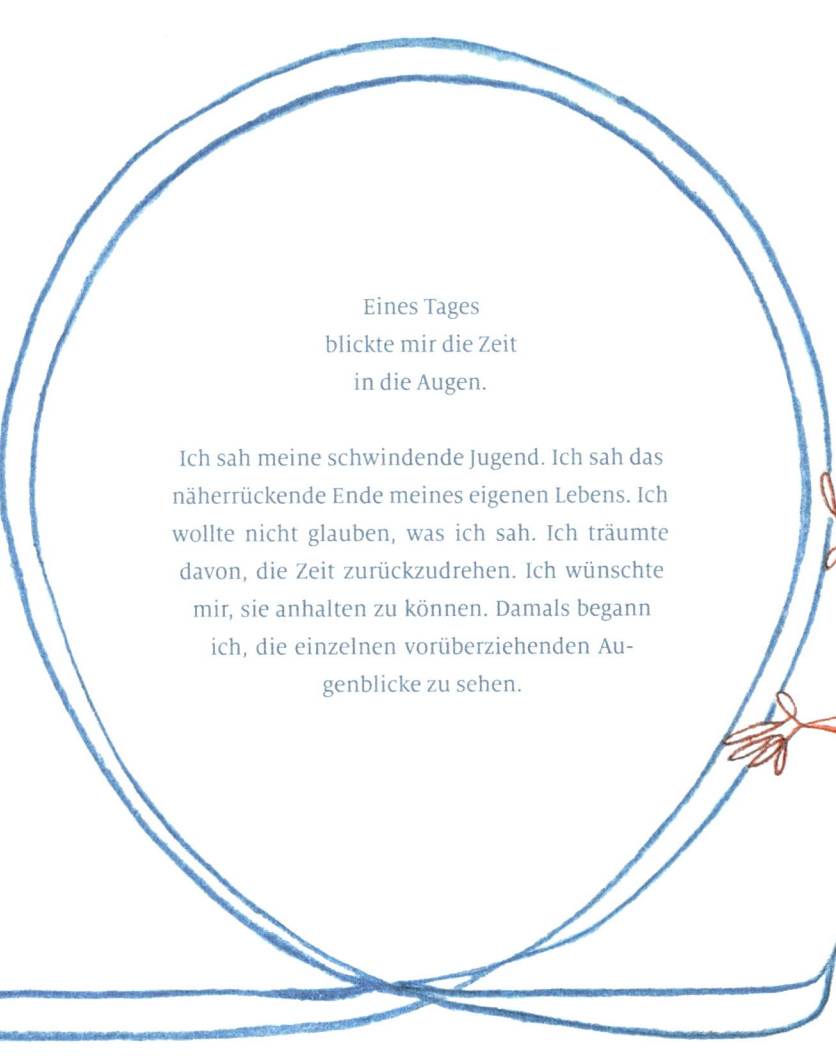

Eines Tages
blickte mir die Zeit
in die Augen.

Ich sah meine schwindende Jugend. Ich sah das
näherrückende Ende meines eigenen Lebens. Ich
wollte nicht glauben, was ich sah. Ich träumte
davon, die Zeit zurückzudrehen. Ich wünschte
mir, sie anhalten zu können. Damals begann
ich, die einzelnen vorüberziehenden Augenblicke zu sehen.

Ich will nur
Augenblicke des Glücks.

Inzwischen habe ich die Suche beendet und
meine Wahl getroffen. Es war kein leichter Ent-
schluss, schließlich sind auch die unglücklichen
Augenblicke Teil des Lebens. Ich habe ein magisches
Mittel entdeckt.

Mehr und mehr füllt sich die Schale der
Augenblicke des Glücks an der
Waage meiner Zeit.

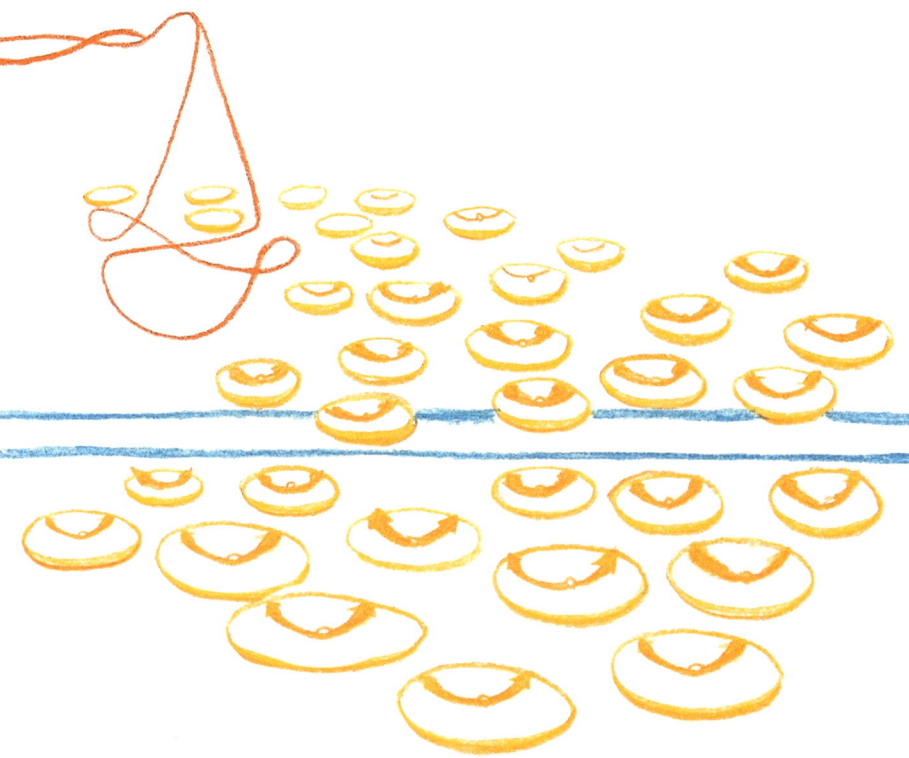

Ich sehe, dass meine
Lebenslinie umgeben ist von
zahlreichen Begegnungen, Träumen und
Gelegenheiten.

Würde ich sie abweisen, um auf bessere zu warten, so
würden sie vorüberziehen und Teil der Vergangenheit
werden. Ich würde sie verlieren. Sie kämen nie wieder.
Doch ich heiße sie alle in meinem Leben willkommen.
Manche sehen hässlich aus und fühlen sich unan-
genehm an. Doch Freude und Schönheit sind in
ihnen allen verborgen, wie auch immer sie
dem ersten Anschein nach wirken.

17

Sie bereichern
meine Lebenslinie, sobald ich
meine Hände nach ihnen ausstrecke.

Zahlreiche Leben verweben sich in meines,
bereichern es. Sie geben meinem Leben eine
Form, die nicht nur in eine Richtung verläuft,
sondern sich weiterstrickt und ausdehnt in
Fläche und Raum.

Ich nenne dieses Gewebe „das
menschliche Universum".

Die goldene Handtasche

Ich will nur Augenblicke des
Glücks. Ich habe meine Wahl getroffen ...

Mitten in der Nacht werde ich in einen Unfall verwickelt. Es ist ein
unangenehmer Augenblick. Doch schon bald entpuppt er sich als ein
wahres Geschenk. In dieser Nacht entdecke ich den Zauber des Humors.
Ich benutze Humor, um mir einen Weg durch die Herausforderungen
dieser Nacht zu bahnen. Humor schenkt mir Augenblicke des Glücks –
schließlich weitet sich sein Zauber aus und bezieht andere ein. Eine
Mutter und ihr Sohn kommen zusammen.

Im Licht einer besonderen Kerze teilen sie vielleicht
meine Geschichte mit mir.

Ich sitze im Auto und fahre durch die Nacht nach Hause. Ich komme gerade von einer großen Party, ein berühmtes Kaufhaus hat seine Berliner Filiale eröffnet. Um mich herum scheint alles vollkommen friedlich – die Straßen sind leer, vor mir nur ein weiterer Wagen. Als eine Ampel rot wird, bremse ich. Der andere Fahrer tut dasselbe. Wie in Zeitlupe rollt mein Auto weiter und berührt ganz sacht den vor mir stehenden Wagen.

Bevor ich auch nur realisiere, was passiert ist, springt ein großer, kräftig gebauter Mann aus dem getroffenen Auto, knallt mir seine Dienstmarke vor die Frontscheibe (offenbar ist er Polizist) und hämmert mit den Fingerknöcheln an mein Seitenfenster. Langsam lasse ich die Scheibe herunter. Er stellt sich mir mit lauter, autoritärer Stimme als Zivilbeamter vor und verlangt meinen Führerschein und die Fahrzeugpapiere.

‚Na großartig!‘,
denke ich. Muss das
ausgerechnet heute passieren?
Immer habe ich eine praktische
Tasche bei mir, in der ich sämtliche
Papiere aufbewahre.
Ohne diese Tasche verlasse ich das
Haus nicht. Niemals. Außer
heute, außer ausgerechnet
heute Abend.

Ich hatte mir den Luxus gegönnt, zu meinem goldenen Anzug, den ich aus Anlass der Eröffnungsparty trage, die passende Handtasche auszusuchen. Nach einigem Hin und Her wählte ich ein goldenes Modell. Aber wie das so ist mit derartigen Accessoires: In diese Tasche passte nichts hinein. Ich musste mich entscheiden: elegante Handtasche oder Papiere? Nicht einmal meine unhandliche, mit Führerschein, Personalausweis und allen möglichen anderen Karten bestückte Geldbörse fand darin Platz.

‚Es ist ja nur für heute Abend', dachte ich. ‚Was soll schon passieren? Diesen Klotz von einem Portemonnaie brauche ich bestimmt nicht.'

Ich nahm einen 20-Euro-Schein heraus, faltete ihn und steckte ihn in meine goldene Handtasche. Dann tat ich noch ein paar Visitenkarten hinein, schließlich war die Veranstaltung eine gute Gelegenheit, neue Geschäftskontakte zu knüpfen. Seit ich mein Geschäft aufgezogen habe, besteht meine Arbeit zu einem großen Teil aus Networking. Auf den Visitenkarten ist mein Produkt abgebildet, eine Zierkerze mit mehreren Dochten.

Als mich nun der wütende Polizist mit seinem strengen, fragenden Blick durchbohrt, toben in mir widerstreitende Gefühle. Habe ich Angst? Bin ich nervös? Aber weshalb sollte ich das sein? Ich habe doch schließlich nur einen Menschen vor mir, so wie ich selbst einer bin. Es hat den Anschein, als wolle er seine Autorität unter Beweis stellen. Aber eigentlich ist es ein lustiger Moment. Ich entscheide mich dafür, die Situation mit Humor zu betrachten, schließlich sind es die glücklichen Momente, die ich erleben möchte. Mit dieser Überlegung versuche ich, meiner verwunderten Seele Antworten zu geben. Da bin ich also, mitten in der Nacht, und sehe mich einem Mann gegenüber, der sich als Polizist aufspielt und Führerschein und Fahrzeugpapiere von mir verlangt.

‚Die Fahrzeugpapiere!‘, schießt es mir plötzlich durch den Kopf. Da sind sie wieder, die kleinen Scherze des Universums. Sein Humor ist nicht schlecht, denn durch reinen Zufall sitze ich nicht

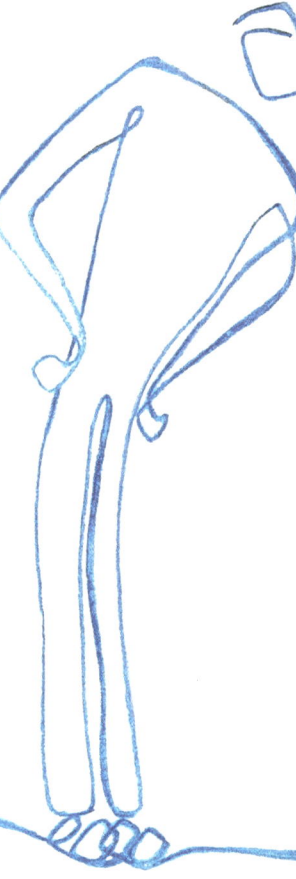

in meinem eigenen Wagen, sondern in dem meines Mannes! Und ich habe keine Ahnung, wo der seine Fahrzeugpapiere verstaut. Ich schaue dort nach, wo ich sie immer aufbewahre: in der Tasche auf der Innenseite der Sonnenblende. Nichts!

29

Der strenge Polizist scheint ein ungeduldiger Mensch zu sein. Ich erwäge, ihm die Geschichte meiner goldenen Handtasche zu erzählen, damit meine Hände auf ihrer Suche nach den gewünschten Papieren Zeit gewinnen. Die Ampel wird grün. Hinter uns blitzt das Fernlicht eines wartenden Wagens auf. Meine Anspannung steigt. Es gibt keinen anderen Ausweg, ich muss die Wahrheit sagen, denke ich.

Nach Worten suchend, blicke ich zu dem wartenden ernsten Riesen auf: „Ich habe meinen Führerschein nicht bei mir." Ich erkläre ihm, dass er sich in meiner Geldbörse befindet, die wiederum in meiner Tageshandtasche liegt, irgendwo bei mir zu Hause. Dabei zeige ich auf meine goldene Handtasche, dann auf meinen goldenen Anzug. „Ich weiß, es klingt oberflächlich, aber meine Geldbörse mit den Papieren passte nicht in mein Accessoire." Er zeigt keinerlei Reaktion auf meine beschwingte Erklärung.

‚Oh, oh, jetzt sieht er erst recht sauer aus‘, denke ich. Er fragt nach den Fahrzeugpapieren. Wieder leuchtet das Fernlicht unseres Hintermanns auf. Ich fühle mich bedrängt, doch die Antwort ist nur ein Telefongespräch weit entfernt.

Humor

Ich überlege, meinen Mann anzurufen und ihn danach zu fragen.

Es ist zwei Uhr nachts. Mein Mann liebt seinen Schlaf über alles, und ich sträube mich mehr dagegen, seinen Zorn zu wecken, als den dieses fremden Mannes, der mit wachsender Ungeduld in einer fast menschenleeren Straße vor mir

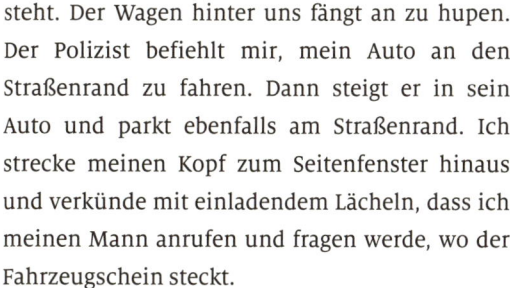

steht. Der Wagen hinter uns fängt an zu hupen. Der Polizist befiehlt mir, mein Auto an den Straßenrand zu fahren. Dann steigt er in sein Auto und parkt ebenfalls am Straßenrand. Ich strecke meinen Kopf zum Seitenfenster hinaus und verkünde mit einladendem Lächeln, dass ich meinen Mann anrufen und fragen werde, wo der Fahrzeugschein steckt.

Am anderen Ende der Leitung fragt mich seine schläfrige Stimme:

„Warum um Himmels willen weckst du mich?"

„Ich suche deine Fahrzeugpapiere!"

„Wie spät ist es?", fragt er.

„Kurz vor zwei", antworte ich und weiß: Das war definitiv die falsche Antwort!

„Spinnst du, mich um diese Zeit zu wecken?!"

Ein wütender Mann mehr!

„Die Polizei hat mich angehalten, und ich habe weder meinen Führerschein dabei, noch kann ich den Fahrzeugschein finden."

„Das ist dein Problem. Und überhaupt: Das funktioniert doch heute alles digital. Wenn die Polizei nur will, kann sie deinen Führerschein auch so ermitteln. Deshalb musst du mich nicht aufwecken. Ich will schlafen." Er legt auf.

„Mir geht es ja auch eher um den Fahrzeugschein", sage ich in die Stille hinein. Ich drehe meinen Kopf wieder dem ungeduldigen, riesigen Polizisten zu. Mir fehlen die Worte. Ich will ihm nicht sagen, dass mein Mann einfach wieder aufgelegt hat! Dass er es um diese Zeit vorzieht zu schlafen, anstatt meine Fragen zu beantworten.

Ich will aktiv handeln und nicht mehr nur auf Reaktionen warten.

„Würden Sie mir helfen, den Fahrzeugschein zu suchen?" Ich spreche mit einer vergnügten Stimme, als würde ich einem Kind als Alternative dazu, sich zu ärgern, aufregende Erlebnisse in Aussicht stellen. Ich leere das Handschuhfach, aber das sieht nicht sehr vielversprechend aus. Nichts als die Bedienungsanleitung für den Wagen und eine Straßenkarte.

Mein Mann ist sehr gewissenhaft, alles ist gut organisiert und sauber. Niemals würde er die Autopapiere zwischen diesen Dingen liegen lassen. Ist das etwa ein Anflug von Mitleid, den ich bei dem Polizisten spüre?

Er schlägt vor, im Staufach der Mittelkonsole nachzuschauen.

Bingo! Kaum habe ich die Klappe für das Fach nach hinten geschoben, lacht mich das zusammengefaltete, grünweiß gestreifte Dokument aus seiner Plastikhülle heraus an. Vor lauter Freude und Aufregung grinse ich breit.

Ich ziehe den Fahrzeugschein aus seiner Hülle und reiche ihn dem Mann, als wäre die Sache damit erledigt. Nun lässt er mich doch sicher weiterfahren! Doch er behält seinen kühlen Blick bei, überfliegt das Dokument und händigt es mir wieder aus. Dann fordert er mich auf auszusteigen! Ich soll ihn zu seinen Kollegen begleiten. Ich schaue mich um und sehe ein Polizeiauto mit Blaulicht heranfahren. ,Hier ist echt was los!', sage ich zu mir selbst. Das muss ich unbedingt fotografieren, damit ich meinen Kindern diese aufregende Geschichte erzählen kann. Wäre es unverschämt, in diesem Augenblick um Erlaubnis dafür zu bitten? Ich betrachte noch einmal den Gesichtsausdruck des Mannes, schaue mir auch den anderen, uniformierten

Polizisten an, der neben dem geöffneten Kofferraum wartet – und beschließe, mich vorerst lieber zurückzuhalten. Es macht den Eindruck, als sei meine gesamte Aufmerksamkeit für das weitere Prozedere gefordert.

„Alkoholtest!", befiehlt der Uniformierte, während er mehrere dünne Schläuche entwirrt und die Folienversiegelung von einem Mundstück abreißt. Der Riese in Zivil redet inzwischen mit einem zweiten uniformierten Polizisten. Ich puste in das Röhrchen. Die beiden anderen Männer kommen näher. Anscheinend sind meine Werte, die auf dem kleinen Display erscheinen, harmlos. Keine Spur von Alkohol.

Doch die Blicke der Männer zeugen von anderen Gedanken: Sie hat zwar keinen Alkohol im Blut, aber sie verhält sich, als wäre sie betrunken. Ich kann meine Neugier nicht länger im Zaum halten und frage den riesenhaften Polizisten, ob ich ein Foto machen darf,

um meinen Kindern zeigen zu können, was mir gerade passiert. Er antwortet nicht, doch ich sehe seinen weicher werdenden Zügen an, dass er nichts dagegen hat. Ich mache ein Foto mit dem Handy. Die Männer fragen mich nach meinem Namen, ich buchstabiere sowohl Vor- als auch Nachnamen. Mein Mann hatte recht: Die Angaben reichen aus, um ermitteln zu können, dass ich einen Führerschein besitze.

Jetzt, wo alles geklärt ist, rechne ich erneut damit, frei zu sein und endlich weiterfahren zu dürfen. Doch da ist ja noch der Schaden, den mein Wagen an dem Auto des Riesen verursacht hat. Die beiden Polizisten in Uniform inspizieren das Heck.

Der riesige Mann und ich bleiben zurück. Ich wende mich ihm zu und sage:

„Morgen ist Muttertag."

„Wirklich?" Ihm ist deutlich anzusehen, dass ihn mein unerwarteter Hinweis belustigt. Ich greife rasch zu meiner goldenen Handtasche, öffne sie und zücke eine Visitenkarte: „Ich habe einen großartigen Geschenkvorschlag: eine Kerze mit sich verzweigendem Docht. Während sie abbrennt, ändert sich die Anzahl ihrer Flammen. Mütter lieben solche Sachen", erkläre ich, während ich ihm meine Karte überreiche. Die beiden anderen Polizisten kommen zurück. Offenbar sind keine Spuren an dem Auto zu erkennen, aber eine Anzeige wollen sie trotzdem erstattet wissen, für den Fall, dass später Schäden festgestellt werden, die mit bloßem Auge nicht zu erkennen sind. Der riesige Polizist zieht das in Betracht. Er steckt meine Visitenkarte ein und dankt seinen beiden Kollegen: „Es ist spät, und ich muss noch zu meinem Einsatz, zu dem ich eigentlich unterwegs war. Ihr nehmt die weiteren Personalien der Frau auf, und ich bringe den Wagen später zur Dienstwerkstatt. Wenn die dort tatsächlich noch Schäden entdecken, werde ich die erforderlichen Maßnahmen einleiten."

Daraufhin wendet er sich wieder mir zu. Jetzt bemerke ich, dass die Aura von Autorität, die er bislang aufrechterhalten hat, verschwunden ist.

Er streckt den Arm aus, wir schütteln uns die Hände. Dann verabschiedet er sich von seinen Kollegen und fährt davon. Als ich am nächsten Tag die Bestellungen in meinem Onlineshop durchsehe, frage ich mich, ob eine davon womöglich zu einem Polizisten gehört, der seine Mutter beschenken will.

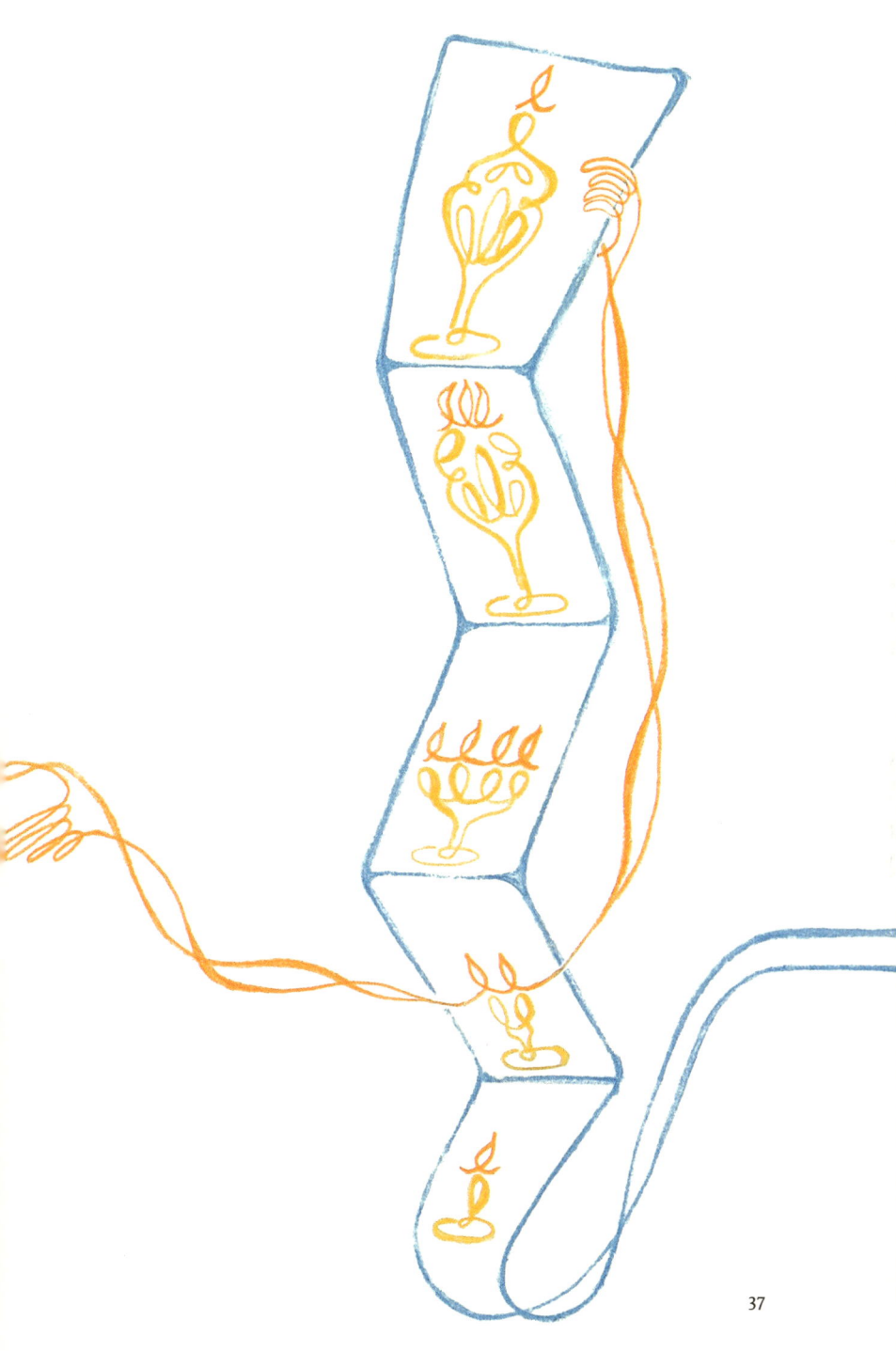

37

Ich habe es nie
herausgefunden. Aber ich
wünsche mir, dass ich es mithilfe
dieser Zeilen erfahren werde; dass die
Mutter oder der Polizist selbst sich mit mir
in Verbindung setzt und mir erzählt: „Wir
haben Ihre kunstvolle Kerze angezündet
und herzlich gelacht über die Geschichte
aus dieser dunklen Nacht, die wir
einer goldenen Handtasche zu
verdanken haben."

Der Bettler, der mich reich machte

Vor drei Jahren traf
ich ihn in der U-Bahn, und wir
wurden Freunde. Was er heute macht,
weiß ich nicht. Aber ich weiß, dass wir uns gegenseitig geholfen haben, indem wir miteinander
sprachen. Und ich bin mir sicher, dass er nicht mehr
bettelt und dass wir uns wiederbegegnen werden!
Meine Freundschaft mit dem taubstummen Bettler ist
eine Erfahrung, die mein Leben bereichert hat, indem
sie mich für eine neue Art von Schönheit empfäng-
lich machte – eine Schönheit, von der ich vorher
nicht einmal wusste, dass sie existiert: die
Schönheit dessen, was ich seitdem „das
menschliche Universum" nenne.

Alles beginnt in der Berliner U-Bahn, in einem Wagen der Linie U2. Ich fahre mit meinen Kindern, zu dritt teilen wir uns zwei Plätze. Ich erzähle ihnen eine Geschichte und zeichne dazu in mein Skizzenbuch. Uns gegenüber sitzen zwei Fahrgäste, eine Frau mittleren Alters und ein junger Mann in den Zwanzigern. Beide hören meiner Geschichte aufmerksam zu. Während sie unserer illustrierten Unterhaltung folgen, lächeln sie uns aus heiteren Augen an. Meine Kinder deuten auf die Zeichnungen und stellen kichernd Fragen, die ich mit vielen bunten Strichen und wenigen Worten beantworte. Immer wieder hole ich Filzstifte aus meinem Federmäppchen und fülle das Blatt mit farbenfrohen Details. Die U-Bahn hält an einer Station. Als ich kurz aufblicke, bemerke ich einen Bettler, der am anderen Ende des Wagens einsteigt. Ich recke den Hals und beobachte den neuen Fahrgast. In der Hand

hält er ein abgenutztes Pappschild, die Worte darauf sind aus der Entfernung nicht zu erkennen. Er bahnt sich seinen Weg durch den Wagen und zeigt den vor ihm sitzenden Leuten sein Schild.

‚Die üblichen Reaktionen', denke ich.

Seit einiger Zeit achte ich bewusst darauf, wie Leute auf Bettler reagieren. Es gibt drei Arten: Die einen wenden den Blick ab und tun so, als sähen sie den Bettler nicht, der da – unsichtbar – vor ihnen steht; die anderen schauen den Bettler angewidert an und geben mit ihrem Gesichtsausdruck, mit ihrer ganzen Körpersprache zu verstehen, dass sie die Situation als Affront empfinden. Und es gibt die, die den Akt des Gebens vollziehen – zügig, damit der Bettler danach schnell weitergeht. Eine Welt ohne Bettler ist den Menschen angenehmer. Interessanterweise arbeiten Bettler mit diesen Tatsachen. Darin besteht „die Kunst des Bettelns". Der Bettler, den ich jetzt beobachte, verschwendet keine Zeit damit, die erste Gruppe von Leuten auf sich aufmerksam zu machen, die ihn entschlossen ignoriert. Sie schauen weg und tun so, als bemerkten sie ihn gar nicht. Gerade wendet er sich an den nächsten Fahrgast. Der Mann wird ganz steif im Rücken und wirft ihm einen kurzen Blick zu, als wolle er sagen: ‚Wie kannst du es wagen, mich anzubetteln? Geh arbeiten wie alle anderen! Ich mach's doch auch. Was hält dich davon ab?'

Der Bettler kann die unsichtbare Botschaft lesen, die ihm der stechende
Blick entgegenwirft. Sofort wendet er
sich ab. Indem er dem Mann ausweicht,
entzieht er der unausgesprochenen Be-
leidigung das Ziel. Er geht weiter, dann
bleibt er vor einer jungen Frau stehen
und hält ihr sein Schild hin. Sie gibt ihm
eine Münze. Er nimmt ihre Spende mit
einer dankbaren Geste entgegen. Dann
kommt er in unsere Richtung. ,Er geht
immer gleich weiter, niemals verweilt
er, stets auf der Suche nach dem nächst-
möglichen Spender. Er weiß, dass seine Anwesenheit nicht erwünscht ist',

denke ich, während ich ihm weiter beim Betteln zuschaue.

Meine Kinder betrachten mich dabei, wie ich den Bettler betrachte. Sie wissen, dass ich in den letzten Jahren Gefallen daran gefunden habe, Bettler und ihr Verhalten sowie die Reaktionen der Leute zu beobachten. Wir haben uns auch schon oft darüber unterhalten. Sie erinnern sich noch gut daran, was ich mir vor einigen Jahren gewünscht habe: Ich möchte einmal mit ihnen auf der Straße betteln – eine Bitte, die sie rigoros abgewiesen haben.

Es war Sommer, wir waren in Köln und schlenderten über den Domplatz. Das Wetter war schön, und wir genossen entspannte Ferientage. Unser Spaziergang wurde mehrfach unterbrochen von Bettlern und Gauklern, die uns um Geld baten. Meine Kinder, damals neun und zwölf Jahre alt, beschwerten sich: „Wie lästig! Warum stören die uns? Warum arbeiten sie nicht?"

„Versetzt euch doch mal in die Lage der Bettler! Versucht zu spüren, wie erniedrigend sich eine solche Handlung anfühlen muss. Es ist bestimmt schwer genug, all die feindseligen Reaktionen der Leute auszuhalten", gab ich laut zu bedenken. Und plötzlich ging mir auf,

dass es einen Weg gab herauszufinden, wie Bettler sich fühlen. „Wir sollten selbst betteln gehen!", sagte ich. Der Gedanke begeisterte mich dermaßen, dass ich meine Kinder in den restlichen Ferientagen davon zu überzeugen versuchte, mit mir zu betteln.

„Nur für eine Stunde. Nur für ein paar Minuten", bettelte ich. Keine Chance. Sie weigerten sich. Sie wollten keine Bettler sein. „Na gut, dann mache ich es allein, ihr braucht mich nur zu beobachten!", rief ich aus. So müssten sie nicht selbst betteln, sondern lediglich dabei zuschauen, wie sich die Leute ihrer bettelnden Mutter gegenüber verhalten. Das würde uns einer Antwort näher bringen. Doch alle meine Überzeugungsversuche blieben vergeblich, wieder bekam ich eine Abfuhr!

Schließlich gab ich es auf, darum zu betteln, Bettlerin sein zu dürfen. Doch den Gedanken daran habe ich nicht aufgegeben, er begleitet mich seitdem.

Es kommt die Zeit, da werde ich dieses Experiment wagen. In der Zwischenzeit begnüge ich mich damit, das Verhalten der Bettler und die Reaktionen der Angebettelten zu beobachten – und meine Kinder und Freunde daran teilhaben zu lassen.

49

Inzwischen ist der Bettler mit seinem Pappschild näher gekommen. Er zeigt es den beiden Menschen, die uns gegenübersitzen. Die Frau mittleren Alters dreht ihr Gesicht zur Fensterscheibe und starrt wie gebannt auf die vorbeirasende schwarze Tunnelwand. Und der junge Mann ist auf einmal mit seinem Handy beschäftigt. Der Bettler und sein Schild sind für unsere Mitreisenden unsichtbar. Die Aufmerksamkeit und das Interesse, das sie uns noch vor wenigen Minuten entgegenbrachten, sind verschwunden und haben Verschlossenheit und Distanz Platz gemacht.

Ich betrachte das Schild. Es ist jetzt nah genug, dass ich es lesen kann. Hinter der Pappe sehe ich die Augen des Bettlers. Ich versuche, laut zu lesen: „Ich bin taub stum! Bitte helfen sie mir meinen Lebensunterhalt zu verdinen." Ich zögere. „Da sind Schreibfehler!", sage ich und neige mich nach vorne, näher heran an das Schild. Er hält es dichter vor meine neugierigen Augen, damit ich die Worte besser lesen kann. Ich lege Skizzenbuch und Federmäppchen in den Schoß, strecke die Arme aus und nehme das Schild in die Hände. Es ist mit Bleistift in schlechter Handschrift beschrieben, mehrere Rechtschreibfehler finden sich in den wenigen Worten.

„Ich kann die Fehler verbessern", biete ich an und suche in meinem Federmäppchen nach einem Stift. Aus seinen Augen sprechen Erstaunen und Verunsicherung.

„Was hier auf Ihrem Schild steht, ist schwer zu lesen", erkläre ich. „Taubstumm wird anders geschrieben", sage ich und sehe zu meinen Kindern: „Oder?" Ihre fragenden Blicke lassen mich daran zweifeln, was sie in der Schule eigentlich lernen. „Wie schreibt man taubstumm? Das ist hier doch falsch geschrieben, oder etwa nicht?", frage ich nochmals. „Stumm wird mit Doppel-m geschrieben", sagt mein Sohn schließlich. Meine Tochter runzelt nachdenklich die Stirn. „Außerdem schreibt man es in einem Wort: taubstumm", murmelt sie. „Nein, in zwei Wörtern!", beharrt mein Sohn. Egal wie sehr sich mein Deutsch in den letzten 18 Jahren, die ich mittlerweile hier lebe, verbessert hat – ich verstehe noch immer nicht, mit welcher inneren Logik man Wörter zusammensetzt und wann und warum man sie auseinanderschreibt. Es ist beruhigend, in den Augen meiner Kinder eine ähnliche Ratlosigkeit zu entdecken: Auch sie finden das schwer. Ich könnte die Erwachsenen um uns herum fragen und gucke zu der Frau mittleren Alters. Die Unterhaltung mit meinen Kindern, der Schatten des armen Bettlers, der gerade sein Schild an mich verloren hat und darauf wartet, dass wir unsere Rechtschreibfragen klären, die ganze Atmosphäre um uns zeigt doch, dass wir offensichtlich Hilfe brauchen. Doch die Frau blickt weiterhin starr auf die schwarze Tunnelwand außerhalb des Zuges. Sie ignoriert mein indirektes Hilfegesuch. Der junge Mann hat sich noch mehr in sein Handy vertieft, obwohl ich mir sicher bin, dass es in diesem Tunnel keinen Empfang gibt. Ich spreche die Frage laut aus, in der Hoffnung auf eine Antwort. Ein kurzer Blick des jungen Mannes verrät mir, dass er meine Frage genau verstanden hat, aber es vorzieht, uns zu ignorieren. Das reicht mir als Zeichen, ich gebe auf. Meiner Tochter vertrauend entscheide ich, dass „taubstumm" in einem Wort geschrieben wird. Ich öffne mein Federmäppchen und schaue den Bettler mit einem Lächeln an, das sein Vertrauen wecken soll: Gleich wird er von seiner Warterei erlöst werden. Ich nehme einen Kugelschreiber und mache mich daran, den Fehler auf der abgenutzten Wellpappe zu verbessern. Da sinkt die Kugelschreiberspitze in die Riffelstruktur des Schilds ein und macht – hoppla! – ein Loch. Jetzt ist das Schild noch ein bisschen stärker beschädigt als zuvor und das Wort kaum noch zu lesen. Nicht nur hat mein Versuch zu helfen nicht funktioniert, er hat auch ein ohnehin zerschlissenes Schild vollends

ramponiert. Rasch blättere ich in meinem Skizzenbuch und schaue dabei den Bettler weiter mit einem ermutigenden Lächeln an. Dann reiße ich ein unbeschriebenes Blatt heraus, was ich sonst nie tue, denn es löst die Blätter, und ich laufe Gefahr, meine Kritzeleien und Notizen zu verlieren. Aber das ist mir in diesem Moment egal. Jetzt bekommt dieser Mann ein neues, sauberes, lesbares und fehlerfreies Schild.

Ich hole einen anderen Stift aus dem Federmäppchen, einen schwarzen Filzstift, und beginne zu schreiben: „Ich bin taubstumm! Bitte helfen Sie mir, meinen Lebensunterhalt zu verdienen."

Ich sehe zu dem Bettler hinüber. Ein schwaches Lächeln erscheint auf seinem Gesicht. Mit einem kurzen Seitenblick schaue ich meine Kinder an, auch sie lächeln. Das gibt mir Mut, und ich mache weiter. Ich zeichne die Figur eines menschlichen Wesens, das jedoch sechs Arme hat. Zwei Hände bedecken die Ohren, zwei Hände den Mund, die fünfte Hand bettelt ausgestreckt um Geld, die sechste gibt ein Herz. Ich nehme einen Farbstift und male das Herz rot aus. Zufrieden mit meiner Zeichnung schaue ich den Bettler an. Sein breites Lächeln geht auf meine Kinder über. Alle drei teilen einen Augenblick der Freude, ich kann das Vergnügen spüren. Ermutigt gebe ich dem Mann beides, sein abgenutztes Pappschild und das saubere Blatt Papier. Jetzt können wir zum Geschäftlichen kommen. Ich hole mein Portemonnaie aus der Handtasche und reiche ihm eine Münze. Er nimmt das Geldstück, steckt es ein, streckt nochmals seine Hand in meine Richtung. Wir schütteln uns die Hände und teilen unsere Freude. Er sagt: „Danke schön!" Ein großes, fröhliches und aufrichtiges Lächeln strahlt in seinem

Gesicht. Der Zug hält, er geht zur Tür. Wir schauen ihm nach, er dreht sich noch einmal um und winkt zum Abschied. Wir winken zurück. Als er den Wagen verlassen hat, wende ich mich meinen Kindern zu und frage sie: „Hat er gerade ,Danke schön' gesagt?" Wir kichern alle drei. ,Die Kunst des Bettelns', denke ich. Zwei Monate später benutze ich mit einem Freund die gleiche U-Bahn-Linie. Ich erzähle ihm die Geschichte

vom taubstummen Bettler und von der „Kunst des Bettelns". Der Zug hält, und zu meinem Erstaunen betritt vor unserer Nase derselbe Bettler den Wagen. „Ah! Da haben wir ja den Helden meiner Geschichte."
Ich nicke dem Bettler zu. Er erkennt mich sofort und hält mir mit einem fröhlichen, freundlichen Lächeln sein Schild entgegen. Es ist mein Blatt Papier, inzwischen ziemlich abgenutzt, aber meine Handschrift und meine kleine Zeichnung sind noch gut zu erkennen. Stolz zeigt er sie uns. Und wieder spricht er, diesmal in frechem Flüsterton: „Hallo!" Ich lache, ebenso mein Freund, der einen Zehn-Euro-Schein aus dem Portemonnaie zieht und ihn dem Bettler gibt. Uns umhüllt eine Atmosphäre von Freude und Respekt.
Ich sage unserem bettelnden Freund, dass er ein neues Schild braucht, aber dass ich leider diesmal nichts zu schreiben bei mir habe. Er schüttelt den Kopf, ein eindeutiges „Nein". Anscheinend hat ihm mein Blatt Papier gute Verdienste eingebracht, er will es nicht austauschen. Er geht weiter. Wir beobachten ihn dabei, wie er sich seinen Weg durch den Wagen bettelt. Als der Zug hält, eilt mein taubstummer Freund zur offenen Tür. Er schaut noch einmal in unsere Richtung und winkt uns. Ich winke zurück und rufe freudig erregt einen lauten Abschiedsgruß durch

den Wagen. Nun habe ich eine weitere Geschichte, die ich meiner Familie und meinen Freunden erzählen kann. Ihr Held ist ein Künstler, der sich schauspielernd seinen Lebensunterhalt verdient. Er hat mir Zugang zu seiner Theaterwelt gewährt und sein Geheimnis mit mir geteilt. Die Geschichte macht uns gute Laune und bringt uns jedes Mal, wenn ich sie erzähle, zum Lachen.

Und dann kommt der Tag, an dem der sprechende Taubstumme auch seine gespielte Taubheit aufgibt und sich mein Geheimnis anhört. Ich mache gerade schwierige Zeiten durch. Menschen, die mir etwas bedeuten, tun Dinge, die mich und meine geschäftlichen Interessen verletzen. Aber ich kann ihnen meinen Schmerz nicht offen und direkt zeigen, denn ich spüre, dass ich mit der Sache nur dann vorankomme, wenn ich schweige und meine Gefühle für mich behalte wie ein Geheimnis. Ich bin mir sicher, dass ich es schaffen werde, eine Lösung für meine verletzten Gefühle und persönlichen Verluste zu finden.

„Bin ich denn nicht die Meisterin der Freudenmomente?" frage ich mich selbst. „Behaupte ich nicht ständig, schmerzliche Augenblicke in Augenblicke des Glücks verwandeln zu können?"

An jenem Tag muss ich diese Fähigkeit verloren haben. Ich fühle mich schwach und befürchte, ich könnte meinen Frust und meine Enttäuschung laut aussprechen, anderen die Schuld dafür geben und auf die Straße des Hasses und Übelwollens abbiegen. Die Alternative besteht darin, zu

schweigen und das Geheimnis in mir zu verschließen. Durch den Schmerz hindurchzugehen und zu hoffen, dass die Zeit alle Wunden heilt. Ein beängstigender Gedanke ergreift Besitz von mir: ‚Ich werde alles verlieren. Ich werde arm sein. Alles, wofür ich all die Jahre so hart gearbeitet habe, wird man mir wegnehmen.' Mein Innerstes schreit vor Schmerz. ‚Ich werde eine Bettlerin! Eine Bettlerin, ich? Ja, dann würde immerhin ein Traum in Erfüllung gehen', denke ich mir. Plötzlich steht die Welt des Humors mit offenen Armen vor mir. Ich werfe mich ihr an die Brust. Minuten später finde ich mich in einem Zug der U-Bahn-Linie 2 wieder. Nur drei Stationen später gehen die Wagentüren auf, und ich sehe ihn. Als hätten wir ein unausgesprochenes Rendezvous. Er steigt mit seinem (meinem) Schild ein und sieht, wie ich ihn heranwinke, erwartungsfroh lächelnd. Er lächelt zurück, kommt zu mir und begrüßt mich.

„Wie geht es dir?", frage ich.

„Wie geht es dir?" fragt er.

Vor uns sind zwei leere Plätze, wir setzen uns, und ich erzähle ihm meine Geschichte. Spreche meine Frustration offen aus. Mache Schuldzuweisungen und fluche. Ich weine, schluchze und seufze. Ich frage: „Warum?"

Der Zug hält an und fährt weiter, die Türen öffnen und schließen sich wieder und wieder. Der taubstumme Bettler hört meinen Worten zu, seine Hände ruhen auf dem umgedrehten Schild in seinem Schoß. Seine Augen sehen meine Verzweiflung.

Vor ihm habe ich keine Angst, Schwäche zu zeigen. Das Geheimnis, das ich ihm anvertraue, nimmt Form an, indem ich es vor ihm ausschütte.

Ich kann meinen Schmerz sehen.

Ich kann meine Ängste hören.

Ich erlaube mir, unglücklich zu sein.

Bin ich wirklich unglücklich? Ich sehe ihn durch meine tränenerfüllten Augen an. Nehme ein Taschentuch heraus, wische mir die Tränen ab und putze mir die Nase. Der Bettler schaut vergnügt. ‚Hat er meine Geschichte gehört? Kann er überhaupt hören? Er kann auf jeden Fall zuhören! Ich habe seine Arbeit, sein Betteln unterbrochen, ich habe seine Zeit in Anspruch genommen und nur an mich gedacht‘, denke ich. „Bist du wirklich taubstumm?", frage ich zögerlich. Jetzt bin ich verwirrt. „Ich habe mir heute gewünscht, dich zu treffen", antwortet er und fährt fort: „Vor drei Jahren erlebte ich eine ähnliche Geschichte wie die, die du mir gerade erzählt hast. Ich hatte nicht die innere Kraft, die Sache mit der Weisheit des Taubstummen anzugehen. Meine Wut hat mich und viele Menschen um mich herum zerstört. Dann beschloss ich, taubstumm zu sein. Ich wollte mir diese Tugend selbst beibringen. Die Zeit heilt alle Wunden, jetzt bin ich bereit, in die Welt zurückzukehren. Du hast mir geholfen, den fehlenden Schlüssel zu finden." Er macht eine Pause, als er meinen erstaunten Blick bemerkt.

„Seit mehreren Monaten trage ich ihn bei mir. Du kannst die Antwort in der Zeichnung finden, die du für mich gemacht hast."

Er dreht das in seinem Schoß ruhende Schild um, sodass wir beide die Figur betrachten können, die ich vor einigen Monaten gezeichnet habe: Hände auf den Ohren, Hände auf dem Mund, eine Hand Liebe schenkend, während die letzte Hand leer ist.

„Eine Sache fehlt. Hast du einen Stift?", fragt er. Ich öffne meine Handtasche und ziehe einen Stift heraus.

„Kannst du noch ein Herz in die leere Hand zeichnen?", bittet er mich.

Ich nehme das Schild und zeichne ein Herz. Der Zug hält. Es ist die Endstation der Linie U2.

„Ich muss jetzt gehen", sagt er. „Das war heute mein letzter Tag als Bettler. Aber wir werden uns wiedersehen."

Dann fügt er hinzu: „Wenn wir es schaffen, mit beiden Händen Liebe zu geben, sind wir glücklich! Denn dann warten wir nicht. Wir haben es in der Hand, die ganze Zeit. Es ist etwas, das wir tun können, das in unserer Macht steht." Er löst das Papier von der Pappe, faltet die Zeichnung mit der Figur in der Mitte, reißt das Blatt in zwei Hälften und reicht mir eine davon. Von Ehrfurcht überwältigt strecke ich meine Hand nach dem Stück Papier aus. Er faltet die andere Papierhälfte und steckt sie in seine Tasche. Dann klemmt er sich die Pappe unter den Arm. Im Aufstehen reicht er mir die Hand, wir schütteln uns die Hände. Er steigt aus dem Zug, ich bleibe minutenlang in dem leeren Wagen sitzen,

sein lächelndes Gesicht vor Augen. Ich höre die Ansage, die die Abfahrt des Zuges ankündigt. Die Türen schließen sich, die U-Bahn fährt wieder los.

‚Zurück in meine Welt', denke ich.

Heute weiß ich, dass es
funktioniert: Taubstummheit und
Liebe sind Gaben, die ich besitze. Es ist der
Reichtum von Tausenden, von Millionen freudiger
Momente, die mir ein Bettler schenkte.

Seitdem habe ich ihn nicht mehr gesehen. Nach ihm suchen kann
ich nicht, wir haben nicht einmal unsere Namen ausgetauscht! Ich
fahre durch die Stadt auf Routen, die große Umwege bedeuten, um
die U-Bahn-Linie 2 in meinen Weg einbauen zu können. Manchmal
mache ich unter irgendwelchen Vorwänden vollkommen überflüssige
Besorgungen, nur um die U2 benutzen zu können, in der Hoffnung,
ihm zu begegnen. Ich wünsche mir, dass er vom glücklichen
Ausgang unserer Unterhaltung und ihrer nachhaltigen Wirkung
erfährt. Während ich unsere Geschichte aufschreibe, damit
sie in diesem Buch erscheinen kann, keimt in mir die
Hoffnung, dass er meine Worte lesen und Kontakt
mit mir aufnehmen wird.

Die Hochzeit
Gefaltete Stoffe, entfaltete Zeit

Ein unerreichbarer
Traum. Die Zeit untersagte mir,
ihn überhaupt zu träumen.

Die Wirklichkeit sprach sich gegen ihn aus. Ich
teilte meinen Traum mit den Menschen um mich
herum. Gemeinsam ließen wir ihn wahr werden.
Heute weiß ich, dass Träume nur wenige Schritte
von der Wirklichkeit entfernt sind. Und sind
die Aussichten auf Erfüllung auch noch so
gering: Der erste Schritt besteht darin,
die Träume mit offenen Armen
zu empfangen.

„Unmöglich! Du träumst wohl!", höre
ich meine Mutter am anderen Ende der
Leitung. „Du willst mir wirklich erzählen, dass du dein Kleid für die Hochzeit
deines Bruders SELBST nähen wirst?",
fragt sie zum vierten Mal.

Und ich bestätige zum vierten Mal: „Ja, Mama, genau das sagte ich gerade."
„Du kannst ja nicht mal nähen, Maha!", kreischt sie ins Telefon. „Und die
Hochzeit ist in zwei Wochen." Ihre Stimme wird immer lauter.
„Ich verstehe ja, dass du zu diesem Anlass etwas ganz Besonderes anziehen
möchtest, und ich vertraue auch auf deine künstlerischen Talente. Aber

Nähen ist etwas ganz anderes, das ist nicht so leicht", beharrt sie, nun wieder etwas leiser.

‚Wie gut, dass dieses Gespräch nur am Telefon stattfindet', denke ich. Das von mir verursachte Entsetzen im Gesicht

meiner Mutter möchte ich lieber nicht sehen. Ein Gefühl von Schuld erfasst mein Herz. „Hättest du dir das früher überlegt, wäre es vielleicht noch machbar gewesen. Doch jetzt, nur zwei Wochen vor der Hochzeit, träumst du einen unmöglichen Traum!", fordert sie mit fester, strenger Stimme das letzte Wort.

Ich betrachte das vor mir liegende Foto, den Ausdruck aus einer Online-Bildergalerie. Vor mehreren Monaten hatte ich es nach stundenlanger Suche im Netz endlich gefunden und gewusst: Dieses Kleid werde ich auf der Hochzeit meines Bruders tragen. Klar und deutlich sehe ich meinen Traum vor mir.

Damals hatte ich die Jagd sofort begonnen, hatte Geschäfte für Abendkleider, Boutiquen, Kaufhäuser und Onlineshops durchstreift – aber ich hatte kein Glück. Das Kleid war unauffindbar. Mein Traum stand nicht zum Verkauf. Die Zeit lief ab, der Hochzeitstermin rückte immer näher. Vier Wochen vor dem Fest gab ich die Suche auf und beschloss, mir das Kleid maßschneidern zu lassen.

Ich suchte fünf verschiedene Schneider auf und erhielt jedes Mal, wenn ich das Foto vorlegte, die gleiche Antwort: „So ein Kleid anzufertigen dauert mindestens sechs Wochen." So viel Zeit hatte ich nicht. Zwei weitere Wochen verlor ich durch die Suche nach einem geeigneten Schneider. Jetzt habe ich nichts außer zwei letzten Wochen Zeit, einer besorgten Mutter und dem Traum von einem Kleid.

Frustriert und hilflos sitze ich da, allein. Ich kann mir nicht vorstellen, meinen Traum aufzugeben.

Ich will nicht glauben, dass es unmöglich sein soll, und bin mir sicher, dass es irgendeinen Ausweg gibt. Ich muss ihn nur finden.

„Hilfe!", ächze ich in den mich umgebenden leeren Raum.

„Kann ich das Kleid selbst nähen?", frage ich mich, als ich erneut das vor mir liegende Foto anschaue.

In Büste und Taille besteht das Kleid aus zahlreichen Falten, die an der Schulter ineinander verdreht zusammenlaufen. Von der Taille abwärts streben sie auseinander, was dem Rock des Kleides sein Volumen verleiht. ‚Eine Skulptur von einem Kleid', denke ich zum hunderttausendsten Mal in meiner Bewunderung für diesen Entwurf.

„Das ist es! Ich werde eine Skulptur schaffen, eine Abendkleidskulptur! Ich kaufe mir eine Schneiderpuppe und einen guten Stoff. Um dem Stoff die richtige Form zu geben, könnte ich die Falten mit Stecknadeln fixieren und sie dann einfach zusammennähen. Kreatives Nähen, warum eigentlich nicht? Klingt machbar. Soll ich's versuchen?" Prickelnde Aufregung rast durch meinen Körper.

„Das ist die Lösung", gratuliere ich mir selbst und beantworte damit meine Frage: Ja, ich kann dieses Kleid selbst nähen.

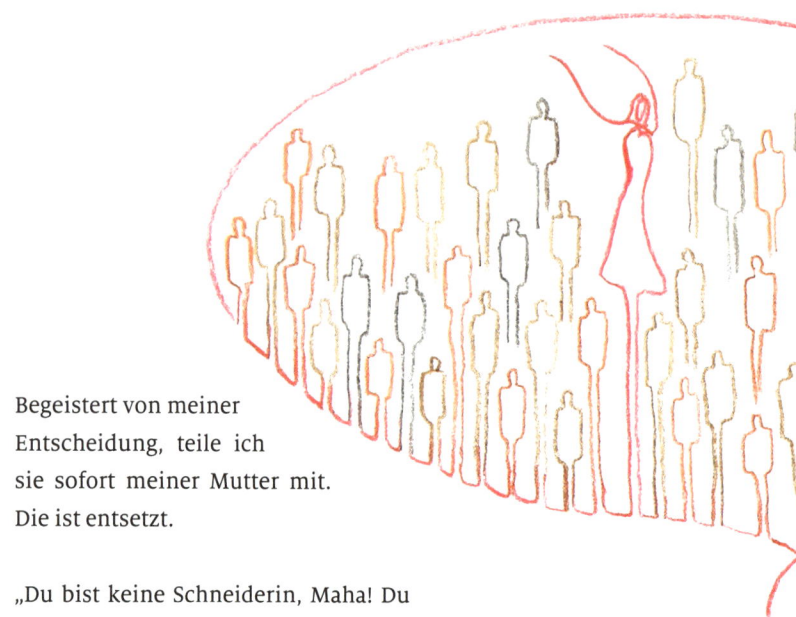

Begeistert von meiner
Entscheidung, teile ich
sie sofort meiner Mutter mit.
Die ist entsetzt.

„Du bist keine Schneiderin, Maha! Du
bist Architektin, du bist Künstlerin,
aber keine SCHNEIDERIN! – Außerdem
reicht die Zeit nicht mehr!", fügt sie
hinzu, um das Schweigen zu durch-
brechen, das schwer von meinem Ende
der Leitung zu ihr dringt. „Wie willst
du das anstellen, eine Firma führen,
eine Familie mit zwei kleinen Kindern
versorgen, ein Abendkleid nähen, und
all das in zwei Wochen?", fragt sie
spöttisch.

Ihre Zweifel kriechen durch den Hörer direkt
in mein Herz. ‚Sie hat recht: Wie will ich das
anstellen?', denke ich. Sie spürt mein Zögern, es ermutigt sie, mit weicher,
fürsorglicher Stimme fortzufahren. „Versprich mir, mein Liebling, dass
du zur Vernunft kommst und dir ein Prêt-à-porter-Kleid besorgst! Es gibt
so viele hübsche Kleider zu kaufen", fleht sie. ‚Jetzt wird es dramatisch ...',
denke ich. ‚Ich will sie doch nicht quälen.'

Meine Mutter ist eine sanfte und liebevolle Frau, die ihr ganzes Leben der Sorge für ihre Kinder gewidmet hat. Die Hochzeit meines Bruders ist ein bedeutendes Ereignis für uns alle. Es ist jetzt 20 Jahre her, dass wir den Irak verlassen haben. Unsere Verwandten und Freunde sind auf der ganzen Welt verstreut. Mein Bruder hat seine Hochzeitsfeier auch als eine Familienzusammenführung geplant.

150 Gäste haben ihr Kommen zugesagt, sogar Tante Jamila. Die Frau, die glaubt, alles zu wissen; die Frau, die andere Frauen wegen ihrer Eleganz und Meinungsstärke bewundern; die Frau, die meine Mutter zugleich liebt und sehr hoch achtet – und wahrscheinlich auch fürchtet.

„Mach dir keine Sorgen, Mama", sage ich sanft, um ihre Sorgen zu vertreiben und zu verbergen, wie stark meine Entschlossenheit erschüttert ist.

„150 Gäste", erinnert sie mich, „und deine Tante Jamila!"

Endlich ist ihre größte Angst ausgesprochen.

Ich stelle mich taub gegenüber ihren
Worten der Furcht und ersetze sie durch
meine Worte der Aufmunterung: ‚Du hast
nichts zu verlieren, Maha. Folge deinem Traum,
lass es auf den Versuch ankommen! Nur darum
geht es im Leben.‘ Situationen wie diese geben uns
die Möglichkeit, unsere Fähigkeit zum Träumen zu
zelebrieren. Sie sollten kein Anlass zur Furcht sein. Sie
sind dazu da, um Träume zu gestalten, und nicht, um
Träume zu töten. Indem wir handeln, leben wir. Es gibt

keinen Grund, sich vor dem Scheitern zu fürchten, denn es
gibt kein Scheitern.

Jede Handlung, die wir vollziehen, ist eine Geschichte, die
wir erleben. Und jede Geschichte bereichert unsere Existenz.
Je mehr Geschichten wir erschaffen, desto reicher wird unser
Leben. Das laute Trommeln in meinen Ohren ist nichts anderes
als mein Herzschlag. Ich habe Angst. Ich liebe meine Mutter und

will sie nicht verletzen. Aber dieser Wunsch, diese Sehnsucht, dieser Traum gehören mir. Niemand außer mir kann sie sehen. Niemand außer mir kann ihre Schönheit verstehen. Aber wenn ich sie mit anderen teile, wenn ich ihnen helfe, meinen Traum zu sehen, bin ich nicht allein. Wie schwer oder unrealistisch oder unmöglich meine Träume auch sein mögen: Indem ich sie mit anderen teile, komme ich ihrer Verwirklichung ein Stück näher. Die Menschen um mich herum treiben mich an, weil sie Anteil nehmen an der Verwirklichung meiner Träume

und Freude daran empfinden. So habe ich es in der Vergangenheit erlebt, warum sollte es diesmal anders sein? Ich versuche, unser Telefonat zu beenden, und sage sanft: „Alles wird gut. Ich muss jetzt los. Aber ich halte dich auf dem Laufenden." Durch den Hörer schicke ich ihr einen tröstenden Kuss. ‚Das wird ihr zitterndes Herz beruhigen, zumindest für heute', denke ich, während ich auflege.

Ich schließe die Augen. Sehe mich das Kleid tragen und mit meinem Bruder und seiner wunderschönen Braut tanzen. Ich fühle mich glücklich, und Freude breitet sich um mich herum aus. Alle teilen meine Fröhlichkeit, auch meine Mutter.

‚Zwei Wochen! Wenn die Zeit knapp wird, muss man sie dazu bringen, sich auszudehnen, sich zu entfalten!', überlege ich. Die Aufgabe besteht darin, von heute bis zur Hochzeit so viel Zeit wie möglich für die Herstellung des Kleides freizuhalten. Ich schaue mir die verfügbaren Tage an und in diesen Tagen die verfügbaren Stunden. Auf dem Wandkalender meinem Schreibtisch gegenüber markiere ich den Tag der Hochzeit mit einem grünen Kringel: 30. März. Heute

haben wir den 14. März. Mit einem orangefarbenen Marker versehe ich die einzelnen Tage nach einem Rückwärtszählmodus mit Zahlen. Ich beginne mit dem 27. März, er bekommt die orangefarbene Nummer eins. Das ist unser letzter Tag in Berlin, bevor wir das Flugzeug nach Dubai besteigen, wo die Feierlichkeiten stattfinden. An diesem Tag muss alles fertig sein. Als ich beim heutigen Tag ankomme, bin ich bei der Ziffer 14 meines orangefarbenen Countdowns angelangt.

Die Tage werden sichtbar.

,Nun zu den Stunden. Wie sieht es damit aus? Wie sehen meine Tage aus?‘ Ich denke nach. Mein Tag beginnt um sieben Uhr mit dem Wecken der Kinder und den Vorbereitungen für Schule und Kindergarten. Nachdem ich meine Kinder dort abgeliefert habe, fange ich an zu arbeiten, bis 18 Uhr. Mein eigenes Unternehmen mit sechs Mitarbeitern befindet sich im Keller meines Hauses. Wenn meine Kinder von der Schule kommen, kommen sie zu uns. Sie spielen, wir arbeiten. Ich bewege mich flexibel zwischen meinem Haushalt im oberen Teil des Hauses und meiner Firma im unteren. Meine Kinder gehören zu meinem Arbeitsleben, mein Geschäft gehört zu ihrem Alltag – eine Familienatmosphäre für alle. Der Höhepunkt des Tages ist die Schlafengehzeit, sowohl für mich als auch für die Kinder: Ich genieße es, ihnen erfundene Geschichten vom Tag zu erzählen, in die Ereignisse unseres Familienlebens und die Gefühle der Kinder einfließen. Sie lieben das nicht nur, sie sind süchtig danach. Eine Stunde pro Abend. ,Ich muss ihnen diese Stunde stehlen, damit ich mein Kleid nähen kann‘, denke ich. Ob sie das wohl erlauben werden?

„Mama."
„Maamaa!"
„Maaaaaaaamaaaaaaa!"

Von oben kommen süße, verärgerte
Stimmen.
Ich war in Gedanken versunken und
habe auf ihr Rufen nicht reagiert. Jetzt
sind sie aufgebracht. Entschlossene
Schritte trippeln die Treppe herunter.
Da kommen sie, Hand in Hand, zwei
wütende Gesichter. Meine sieben-
jährige Tochter zieht ihren drei Jahre
jüngeren Bruder hinter sich her.
„Wir haben dich gerufen!", zischt sie
zornig zwischen den Zähnen hervor.
„Tut mir leid! Ich habe euch nicht
gehört", entschuldige ich mich sanft –

bemüht, ein Kichern zu unterdrücken.
„Verzeiht mir!", sage ich, unterstützt
von bettelnden Küssen. Meine Hände
kitzeln sie, meine Wange reibt sich an
ihren Gesichtern, ihren Nacken. Sie
lassen sich erweichen, erst kichern sie,
dann lachen sie lauthals los.

„Ihr wisst ja, dass Onkel Ammar in zwei Wochen Hochzeit feiert!", beginne ich meine Einleitung, um sie in meine Träume hineinzuziehen.

„Ich kann es kaum erwarten, mein Kleid zu tragen, Mama!" Die Erwähnung der Feier genügt, damit sich die Stimme meiner Tochter vor Aufregung überschlägt.

„Dein Kleid und den Anzug für deinen Bruder haben wir ja auch schon gekauft, nicht wahr?", frage ich.

„Ja, und?", antworten beide gleichzeitig.

„Nur mein Kleid fehlt noch! In zwei Wochen muss es fertig sein und mit eurer Hilfe werde ich das auch schaffen!"

„Wie denn?", fragen sie ungeduldig.

Ich zeige ihnen den Wandkalender mit den orangefarbenen Zahlen und dem grünen Kringel und erkläre, dass unsere Gute-Nacht-Geschichte heute Abend mehr Einzelheiten enthüllen wird.

Später, als wir es uns im Bett gemütlich gemacht haben, beginne ich meine Geschichte:

„Es waren einmal zwei Kinder, die konnten zaubern. Ihre Mutter brauchte ein Kleid für eine Hochzeit. Mithilfe der Zauberkräfte ihrer Kinder könnte sie es schaffen, ein schönes Kleid zu nähen. Die Mutter bat die Kinder, ihr etwas von diesen Zauberkräften abzugeben. Die Kinder waren einverstanden. So konnte die Mutter das Kleid nähen, und das machte alle drei, die Mutter und die beiden Kinder, sehr glücklich." Ich halte inne und schaue sie an.

„Wisst ihr, welche Zauberkraft ihr mir geben könnt?", frage ich. „Wir haben doch diese feste Zeit, in der ich euch Geschichten erzähle und wir zusammen kuscheln, so wie jetzt. Diese Zeit brauche ich! Und zwar an jedem Abend, bis zum Tag der Hochzeit. Ich brauche diese Zeit, um das Kleid zu nähen."

Bevor ich das Licht ausschalte, mustere ich die beiden fragenden Gesichter. Ihr unzufriedener Ausdruck verrät mir, dass sie sich nicht sicher sind, ob der Besitz von Zauberkräften einen solch hohen Preis rechtfertigt.

„Mamas Gute-Nacht-Geschichten sind
besser als Zauberkräfte!"

Ich höre die Worte ihrer stummen
Münder aus ihren schreienden Augen
sprechen. Ich weiß nicht, was ich in
diesem Augenblick fühle. Ich finde die
Situation zugleich lustig und schmerz-
haft, märchenhaft und qualvoll. Heute
Abend haben sie mir erlaubt, nur eine
sehr kurze Geschichte zu erzählen.
Sie haben mir erlaubt, früh zu gehen.
Sie haben mir Zauberkraft gegeben.
Ich habe ihre Zeit für meinen Traum

genommen. ‚Ist es noch zu früh, sie
das Geben zu lehren? – Geben ist ein
Akt der Großzügigkeit, es macht sowohl den Gebenden als auch den Neh-
menden glücklich', beruhige ich meine
Schuldgefühle.

Zurück im Keller, allein, fange ich voller Energie an: Im Internet bestelle ich eine Styroporbüste. Ein Sofortkaufen-Button verspricht die Lieferung innerhalb von 24 Stunden. Was den Stoff angeht, so finde ich in der Onlineversion der Gelben Seiten ein Geschäft ganz in meiner Nähe. Ich schreibe die Adresse in mein Notizbuch. Außerdem notiere ich die Adresse eines Geschäfts für Nähbedarf: „Nähen und mehr". ‚Ein vielversprechender Name', denke ich. Als ich in dieser Nacht zu Bett gehe, ist mein Herz voller Aufregung und Freude – Aufregung angesichts einer vor mir liegenden Aufgabe und eines Wettlaufs mit der Zeit. Freude über einen Traum und Freude, ihn mit anderen zu teilen.

Heute habe ich ihn mit meinen Kindern geteilt. Morgen werde ich mein Team einbeziehen. Meine Mitarbeiter werden mir dabei helfen, noch mehr Zeit zu finden. Gemeinsam werden wir die Zeit entfalten.

81

Ich erkläre meinen Mitarbeitern meinen Wunsch. Die Herausforderung stachelt sie an, sie wollen mich unterstützen. Wir stellen einen Zeitplan auf, und für die kommenden zwei Wochen übernehmen sie die meisten meiner Aufgaben. Auf diese Weise gewinne ich weitere Stunden, die ich für die Anfertigung meines Kleides nutzen kann. Sobald die Kinder von der Schule kommen, fahren wir in den Stoffladen.

Die Dame hinter der Ladentheke erklärt, dass sie nur auf Bestellung verkauft, dass eine Bestellung zwei Wochen dauert und dass die einzigen Stoffe, die sie sofort verkaufen kann, Restbestände sind, die sich in einem Korb vor dem Ladeneingang befinden. Mir springt ein bronzefarbener Seidenstoff ins Auge. 3 x 1,6 Meter verspricht das daran angebrachte Preisschild – genau die Maße, die ich benötige. Meine Kinder stehen vor mir, ich wickele sie in den Stoff ein.

„Der ist aber hart, Mama", kichert meine Tochter.

„Das ist ein Vorhangstoff", klärt uns die Verkäuferin auf.

„Ein Vorhangstoff?!", wiederhole ich enttäuscht. Das Kleid, das mir vorschwebt, ist weich und fließend, nicht hart!

„Ich möchte den Stoff für ein Kleid verwenden", sage ich.

„Der Stoff ist aus einer sehr feinen Seide, die extra gestärkt wurde, damit sie für Vorhänge geeignet ist", erläutert sie fachmännisch.

„Lässt sich die Stärke wieder herauswaschen, ohne die Seide zu ruinieren?", frage ich hoffnungsfroh. Die Frau presst die Lippen zusammen, hebt ihre Hände ans Gesicht und drückt sie an die Wangen. Ein gequälter Aufschrei entringt sich ihrem Mund. „Sie wollen dieses wertvolle Material waschen?" Die Kinder und ich können nicht anders und prusten los.

Die Frau fasst sich wieder und fügt schnell hinzu: „Ich weiß nicht, was dann passiert, und ich will es auch nicht wissen." Nach ein paar Sekunden Pause fügt sie noch hinzu: „Wir empfehlen Trockenreinigung."

Ich falte den Stoff wieder zusammen und schaue enttäuscht auf meine einzige Option. ‚Soll ich in ein anderes Geschäft gehen und weitersuchen? Oder soll ich diesen Stoff kaufen und versuchen, ihn zu waschen?', frage ich mich.

Die verrinnende Zeit mahnt mich, flexibel zu bleiben. Wenn ich diesen Laden mit leeren Händen verlasse, wird es ein schwieriger Start in den Wettlauf. Träume sind dazu da, ihnen eine Form zu geben. Ein Traum kann nur wahr werden, wenn wir in der Lage sind, die Wirklichkeit einzubeziehen. Ich muss meinen

Traum anpassen. In diesem harten Stoff steckt womöglich die Schönheit, die ich suche – eine Schönheit, die nur zum Vorschein kommen kann, wenn ich bereit bin, das anzunehmen, was ich in Händen halte, was mir hier und jetzt angeboten wird; wenn ich nicht einfach woanders hingehe und etwas anderes suche. „Ich nehme den Stoff!", sage ich entschlossen zu der sichtlich perplexen Verkäuferin.

Unsere nächste Station ist der Nähbedarfladen „Nähen und mehr". Das kleine Geschäft ist von oben bis unten gefüllt mit Schubladenschränkchen für Knöpfe und Garnspulen in jeder erdenklichen Farbschattierung. An den Wänden befinden sich allerlei Nähutensilien. Im Hintergrund spielt dezente Musik, der Raum ist erfüllt von Blumenduft. In einer Ecke steht ein Blumenstrauß, auf einem kleinen Tisch liegen die neuesten Ausgaben diverser Modemagazine aus. Auf einem Sofa neben diesem Tisch sitzt eine Frau und blättert in einem der Hefte. Als wir den Laden betreten, nimmt sie ihre Brille ab und kommt uns zur Begrüßung entgegen: eine stilvoll gekleidete Dame. Ich frage mich, ob sie ihre Kleidung selbst genäht hat. An der Wand hinter der Ladentheke hängt eine Urkunde: Frau Marina Chantel, Royal College of Art, Diplom in Modedesign. Sie erinnert mich sofort an Tante Jamila. Ich zeige ihr meinen bronzefarbenen Stoff.

„Ich möchte aus diesem Stoff ein Kleid nähen. Dafür brauche ich Nadeln und ein Garn, das farblich passt. Das Kleid, das ich nähen will, soll so aussehen." Ich ziehe das Foto meines Traumkleids aus der Handtasche und zeige es ihr. Sie rückt ihre Brille zurecht und betrachtet das Bild.

„Das wird nicht leicht", sagt sie und schiebt sich die Brille auf die Stirn. Sie schaut mich mit ernster Kennermiene an. Mein Herz zieht sich zusammen. ,So etwas will ich nicht hören', denke ich. ,Ich will nicht wissen, wie schwierig es ist. Ich muss es einfach nur tun.'

„Ich weiß", sage ich und erzähle ihr von den fünf Schneidern, die ich schon hinter mir habe. Ich hoffe, sie versteht, dass ich mir bereits professionellen Rat geholt habe und dass alles, was ich jetzt brauche, das nötige Werkzeug

ist, um das Kleid nähen zu können.

„Wollen Sie das Kleid selbst nähen?", liest sie meine Gedanken. Weil sie die Frage in einem freundlichen Ton stellt, fasse ich Mut und verrate ihr mehr.

„Ich dachte daran, es wie eine Skulptur anzugehen!", sage ich, unsicher, ob ich damit ihre freundliche Aufmerksamkeit aufs Spiel setze.

„Wie eine Skulptur?", fragt sie und bewegt dabei ihren Kopf nachdenklich von einer Seite zur anderen. Ich komme mir ein wenig vor wie im Kindergarten: Ich bin das Kind, sie meine Lehrerin. Ich setze ein strahlendes Lächeln auf. Mir fällt nichts mehr ein, das ich noch sagen könnte.

„Haben Sie so etwas schon mal gemacht, so eine … äh … Kleidskulptur?"
Sie bemüht sich, mich wieder ernst anzublicken.

„Nein, aber ich möchte es versuchen", antworte ich mit selbstbewusstem Lächeln im Gesicht.

„Haben Sie überhaupt schon mal ein Kleid genäht?" Ihre neugierigen Augen mustern mich.

„Nein, aber ich möchte es versuchen", wiederhole ich, unterstützt vom nächsten optimistischen Lächeln. Vermutlich hält sie mich für naiv. Ich gleite zurück in meine Gedanken: ‚Wenn ich dieses Geschäft verlasse, dann möchte ich alles beisammenhaben, was ich brauche, um mein Werk zu beginnen.' Sie nimmt den schimmernden Bronzestoff in die Hände und geht damit durch den Laden, zu den orangefarbenen Garnen. Meine Kinder und ich beobachten sie dabei, wie sie zwei Orangetöne auswählt.

„Ich benötige auch eine Nadel", sage ich zögerlich.

Sie reicht mir eine Packung feiner Nähnadeln.

„Oh nein, die sind doch viel zu klein!", rufe ich aus, denn ich wünsche mir größere Nadeln.

„Nicht, wenn Sie Ihr Kleid aus dieser Seide machen wollen!", insistiert sie und zeigt auf meinen Stoff.

„Ich brauche auch noch eine Schere, Stecknadeln und ein Maßband."

Sie stellt die von mir gewünschten Materialien zusammen, legt alles in

eine Tüte und zieht ein Kärtchen aus einer Schublade.

„Meine Visitenkarte." Sie lächelt mich aufmunternd an.

„Frau Marina Chantel, Modedesignerin", lese ich laut vor.

„Vielen Dank, Frau Chantel!"

Ich bezahle und sammle meine Kinder ein. Es ist gar nicht so leicht, sie aus dem Geschäft zu locken, denn sie sind dem Charme dieses Ortes verfallen.

Als wir zu Hause ankommen, erwartet uns ein riesiges Postpaket. Die bestellte Schneiderpuppe! Ich bin beeindruckt: Das hat weniger als 24 Stunden gedauert. Die Zeit spielt mit. Wir öffnen das Paket und ziehen eine kopflose, mit elastischem grauen Stoff überzogene Büste daraus hervor. Wir stellen sie auf einen Stuhl und bewundern dieses Zwitterobjekt, halb menschlicher Oberkörper, halb Sitzmöbel. Ich werfe den Stoff über die Büste. Dann tragen wir unsere Puppe die Treppe hinab in ihr neues Zuhause, an den Platz, wo das Kleid Form annehmen wird. Zu dritt stehen wir vor dem Geist eines imaginierten Kleides.

„Mit eurer Zauberkraft werde ich die Macht haben, in den kommenden zwölf Tagen diesen Geist jede Nacht ein Stückchen mehr in ein Kleid zu verwandeln", beschwöre ich die Zukunft herbei.

„Oh nein, nicht jede Nacht!", wenden die Kinder ein, weil sie sich erinnern, was ihnen am vorangegangenen Abend wegen dieses ganzen Hokuspokus entgangen ist. „Zeit, ins Bett zu gehen!", verkünde ich, ihren Widerstand ignorierend.

An diesem Abend geben sie mir nicht sehr viel Zauberkraft. Schließlich stehe ich aber doch im Keller vor dem Kleidergeist.

Mit dem harten Stoff über dem Arm gehe ich zum Waschbecken. Ich beginne, eine kleine Ecke zu waschen. Sie fühlt sich gleich weicher an. Ohne zu zögern, fülle ich die Badewanne mit lauwarmem Wasser. Ich hole tief Luft und tauche die ganze bronzefarbene Seide unter Wasser. Sie

saugt sich voll, ihr Bronzeton wird zu einem dunklen Orange, das Wasser verfärbt sich. Mein Herz blutet. ‚Was mache ich hier? Mache ich jetzt diesen wertvollen Stoff kaputt?‘ Ich habe keine Wahl! Ich will ein Kleid nähen, keinen Vorhang. Das ist ein Experiment, und ich werde eine andere Lösung finden, wenn es nicht funktioniert.
Ich achte darauf, dass das Wasser in jede Falte fließt, und drehe den Stoff behutsam in der vollen Wanne.
„Ich wasche doch nur die Wäschestärke heraus", spreche ich mir selbst Mut zu. Während das verfärbte Wasser abläuft, wringe ich den Stoff aus. Als ich ihn aufhänge, bemerke ich die Wringspuren: hellere Linien gelblich blasser Bronze. Ich bin versteinert!

‚Das war's, ich hab's versaut!‘ Mein Herz fühlt sich schwer an, ich bin traurig. Für ein paar Minuten sitze ich vor dem tropfenden Stoff und schaue meinem ruinierten Traum beim Verblassen zu.
‚Ich muss meinen Traum doch nur anpassen‘, reiße ich mich wieder zusammen. ‚Schönheit ist etwas, das nur wir selbst definieren können. Jetzt warte ich erst mal ab, bis der Stoff getrocknet ist.

Morgen werde ich ihn mit neuen Augen anschauen, und dann werde ich lieben, was ich sehe.‘
Ich gehe früh ins Bett. In dieser Nacht kann ich nichts mehr tun. Doch vorher überprüfe ich erneut den Wandkalender.

Der Stoff ist wunderschön. Wo ich das Wasser ausgewrungen und damit einen zusätzlichen Farbverlust bewirkt habe, haben sich goldgelbe Faltenlinien gebildet, die dem bronzefarbenen Stoff einen unerwarteten Schimmer hinzufügen. Ich lasse meine Hände über diesen Glanz gleiten. Der Stoff fühlt sich wunderbar weich an, die Stärke ist vollständig herausgewaschen. Erleichtert, glücklich und voller Begeisterung lache ich ein lautes, triumphierendes Lachen.

„Aus einem Vorhang werde seidenglänzender Kleiderstoff!" Ich tue so, als hielte ich einen Zauberstab in der Hand. Ich sage „Ping" und berühre den glänzenden Stoff mit dem imaginären Stab. „Handeln heißt verwandeln", sage ich meinem befriedigten Ich. „Jetzt ist es an der Zeit, aus diesem Stoff ein Kleid zu machen."

Ich falte die drei Meter lange Bahn einmal zusammen.

„In der Mitte dieser Horizontalfalte werden wir einen Schlitz für den Halsausschnitt des Kleides machen", sage ich mit lauter, ermutigender Stimme zu mir selbst. Meine Hände beginnen zu zittern bei dem Gedanken, den Stoff zu zerschneiden. Ich nehme die neue Schere, lege den Stoff auf dem Tisch aus und halte die Luft an. In der Mitte der Stoffbreite und senkrecht zur Mittelfalte bahnt sich die scharfe Schere ihren Weg durch den Stoff. Ich schneide tiefer. Und noch etwas tiefer. Bis ich von der Länge des Einschnitts überzeugt bin. Erst jetzt atme ich wieder ein.

„Gut gemacht. Aller Anfang ist schwer!"

Ich ziehe der Puppe das Kleid über. Ihr kopfloser Hals schaut aus dem frisch geschnittenen Schlitz heraus. Die mittlere Horizontalfalte ruht auf ihren Schultern.

„Kommen wir jetzt zu dem Dreh mit den Trägern!"

Mit einem kurzen Seitenblick auf die Fotovorlage überprüfe ich den Schulterbereich. Dann wende ich mich der Rückseite meiner Schneiderpuppe zu.

Ich hebe das untere Ende der rückwärtigen Stoffbahn hoch und stopfe sie durch den frisch geschnittenen Ausschnittschlitz. Es bilden sich zahlreiche Falten über die gesamte Stofflänge. Nicht nur an der Rückseite, auch an der Vorderseite fließt der gefaltete Stoff hinab, als wäre das gesamte Kleid ein Wasserspiel. Ich fixiere die Verdrehungen der Träger mit Nadeln an der Schulter der Puppe und entferne mich einige Schritte, um das Ergebnis mit etwas Abstand zu betrachten.

„Das passt! Hier passiert etwas!", höre ich mein aufgeregtes Ich schreien.

„Nähen ist keine einfache Angelegenheit", vernehme ich sogleich meine besorgte Mutter. „Das wird schwierig", klingt Frau Chantels fachmännische Meinung in meinem Ohr. Panik erfasst mich, ich erstarre.

„Was mache ich hier? Bin ich so naiv, dass ich ernsthaft glaube, ich könnte ein Kleid nähen, ohne Näherfahrung und ohne Anleitung? Alles, was ich zur Orientierung habe, ist ein ausgedrucktes Foto. Mache ich mich mit solch einem selbst genähten Kleid nicht zum Clown?"

Ich bin ganz durcheinander. Schaue mich frustriert um. Mein Blick fällt auf den Wandkalender mit seinen orangefarbenen Countdown-Ziffern. Jetzt erst wird mir klar, dass morgen schon Freitag ist. Am Wochenende kann ich es nicht wagen, meine Kinder um Zauberkraft zu bitten.

„Heute habe ich Zeit, und diese Zeit werde ich für aktives Handeln nutzen. Ich werde sie nicht mit zweifelnden Fragen verschwenden."

Musik hilft immer.

Ich suche eine meiner Lieblingsopern heraus, Verdis „La Traviata". Das

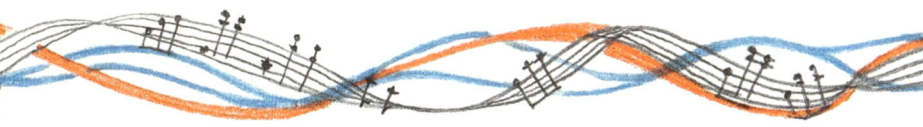

soll meine Stimmung heben. Nach der Ouvertüre beginnen meine Ängste sich aufzulösen. Freude tritt an ihre Stelle. Ich passe meine Bewegungen dem sanften Fluss der Musik an. Sehe meinen Händen dabei zu, wie sie mit Wellen von Stoff tanzen, wie sie eine Büste bilden, eine Taille formen, Falte für Falte, festgesteckt mit Nadeln. Ich umkreise die stehende Puppe, als wäre ich eine Tänzerin.

Tip, tap.
Tip, tap.
Tip, tap.
Ich halte inne und horche: Schritte?

„Oh, Mama, es hat gewirkt! Unsere Zauberkräfte haben gewirkt."
Hinter mir steht mein Sohn mit weit aufgerissenen Augen und
starrt die Skulptur aus gefaltetem Stoff an. Seine plötzliche
Anwesenheit bringt mich zurück in die Zeit, in diesen
Augenblick. Es muss bereits Morgen sein. Ich muss die
ganze Nacht hindurch gearbeitet haben! Ich mache ein paar
Schritte rückwärts und stelle mich neben meinen Sohn,
damit ich sehen kann, was er sieht. Sekunden später
taucht meine Tochter auf und stellt sich zu uns. Auch
sie schaut das Kleid aus großen, runden Augen und mit
geöffnetem Mund an, als wolle sie gleich losschreien.
Langsam, zuerst unhörbar, formt dieser Mund ein paar
Worte: „Das ist sooooooooo schön, Mama!"
„Unsere Zauberkraft hat gewirkt! Das Kleid ist
fertig!", wiederholt mein Sohn und wieder klappt
sein Unterkiefer herunter. „Heute Abend kriegen
wir unsere Gute-Nacht-Geschichte zurück", flüstert
er seiner Schwester ins Ohr. Beide umarmen sich,
offenkundig hocherfreut.

„Heute Abend brauchst du unsere Zauberkraft
doch nicht, oder?", fragt er mich dann doch noch
vorsichtshalber. Ich lache und bringe die beiden
nach oben, um sie für Schule und Kindergarten fertig zu machen. Auch die späteren Reaktionen meiner Mitarbeiter bereiten mir Freude und treiben

mich weiter an: „Das ist ja fantastisch! Es sieht jetzt schon aus wie ein wunderschönes Kleid." Gefalteter Stoff, von Hunderten von Stecknadeln auf eine Styroporpuppe geheftet. Der sichtbare Traum eines Kleides. Doch die Frage steht weiter im Raum: Werde ich es schaffen, diesen Traum in ein echtes Kleid zu verwandeln? Ich bin erschöpft. In diesem Augenblick habe ich darauf noch keine Antwort.

Am folgenden Samstag und Sonntag läuft der Countdown weiter. Trotzdem lasse ich den Traum ruhen und lebe ganz normale Wochenendwirklichkeit. Die Familie übernimmt die Regie. Am Samstag klingelt das Telefon. Ich höre die fröhliche Stimme meiner Mutter am anderen Ende der Leitung. Sie fragt nach meiner Postadresse. „Ich möchte meine Enkel beschenken", erklärt sie.

‚Seltsam! Sie sieht die Kinder doch in ein paar Tagen in Dubai. Warum will sie da noch etwas mit der Post verschicken?', frage ich mich. Sie erkundigt sich auch nach meinen Fortschritten mit dem Kleid. Sie wirkt neugierig und interessiert, aber auf eine entspannte Weise. Das ermutigt mich, ihr detaillierter von meinen ersten Schritten zu berichten.

Endlich ist Montag. Während des Wochen-
endes habe ich es mir immerhin gestattet,
von dem Kleid zu träumen, von Nadelstichen, von vielen unsichtbaren Punkten
entlang der Faltenlinien. Ich habe die zur
Fixierung sämtlicher Falten benötigten,
per Hand auszuführenden Stiche auf 1.500
geschätzt.

Als ich beginne, habe ich zunächst einmal großen Respekt vor dem Einfädeln
des dünnen Fadens durch das winzige
Nadelöhr. Anfangs finde ich den Vorgang
so schrecklich, dass ich versuche, diese
quälenden Handlungen durch den Einsatz
langer Fadenstücke auf ein Minimum zu
reduzieren. Der Versuch scheitert: Der lange
Faden verdreht sich nach wenigen Stichen
und fließt dann nicht mehr richtig durch
das Gewebe. Also arbeite ich geduldig mit
kurzen Fadenstücken. Nach ein paar ruhig
ausgeführten Stichen muss ich das nächste kurze Fadenstück durch das Nadelöhr
bugsieren.

Mithilfe der Zauberkraft meiner Kinder,
schöner Musik und viel Hoffnung nähe
ich abends weiter, immer entlang der mit
Nadeln festgesteckten Faltenlinien, einen
Stich nach dem anderen. Jeder Stich verspricht die Verwandlung einer Skulptur in
ein Kleid.

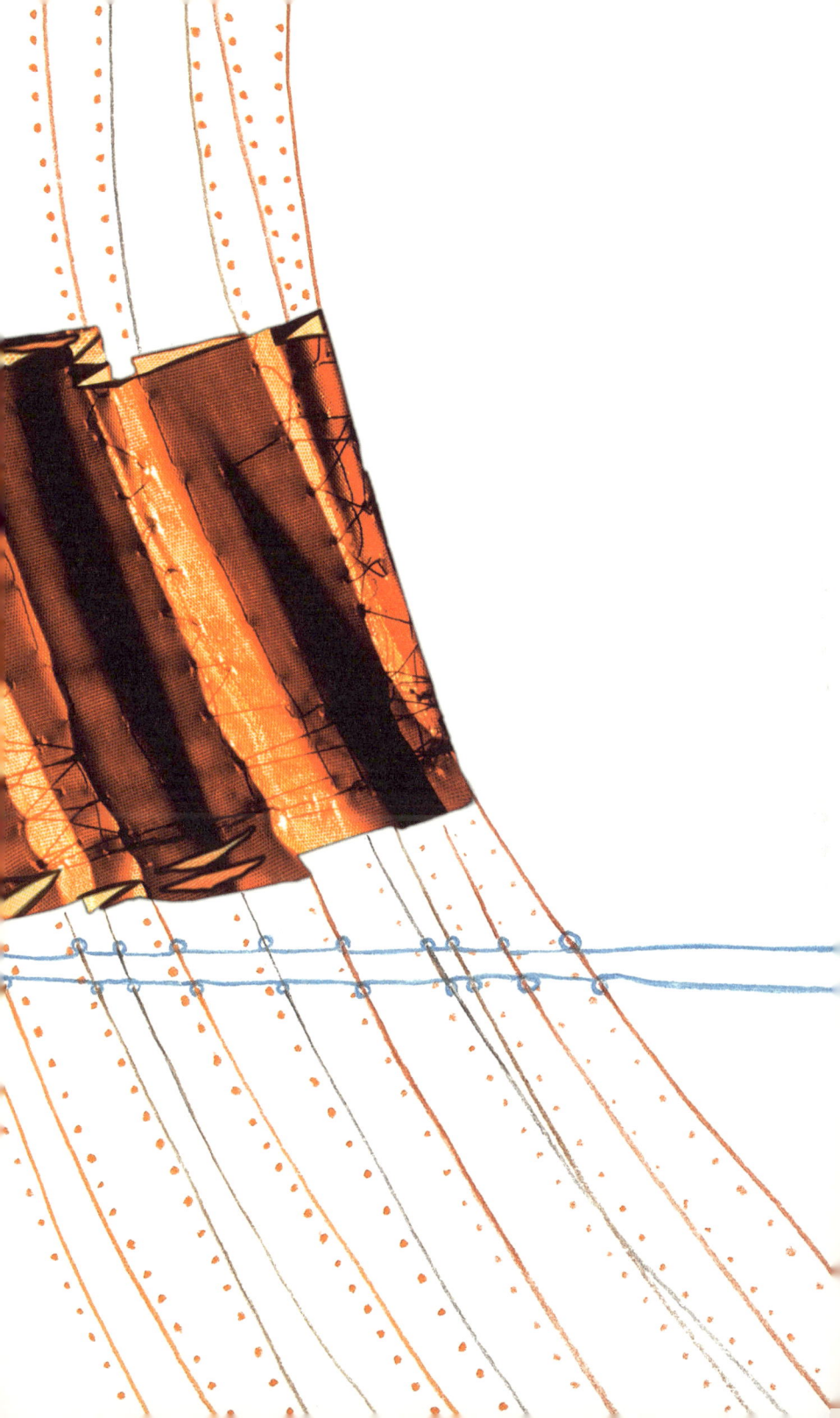

Inzwischen ist Freitag. In den vergangenen vier Tagen habe ich jede freie Minute mit dem Vernähen der Falten verbracht. Meine Augen brennen, und meine Fingerspitzen tun weh. Ich befand mich in einem Wettlauf mit der Zeit. Stunden, Minuten und Sekunden stellten sich in meinem Kopf in einer Reihe auf, um in Nadelstiche verwandelt zu werden. Nun sind alle Falten fixiert, nun erlaube ich mir, den Kopf zu heben und meine Arbeit zu begutachten. Eintausendeinhundertdreiundvierzig Stiche! Ich bin fertig. Ich schaue mich nach jemandem um, mit dem ich meinen Triumph teilen kann.

„Die Zeit ist gekommen, diese genähte Skulptur von der kopflosen Schneiderpuppe herunterzunehmen und sie an meinem Körper anzuprobieren."

Voller Aufregung kündige ich meinen Mitarbeitern diesen Schritt an. Sie unterbrechen ihre Arbeit, um diesen Augenblick mit mir zu zelebrieren. Mit zitternden Händen versuche ich, die Schneiderpuppe zu entkleiden. Die Falten liegen eng an ihren Körperformen an. Es ist mir nicht möglich, mein Kleid von der Puppe zu befreien. Ich schaue in die fragenden Augen meiner Unterstützer und

bemühe mich, meinen Schmerz zu verbergen. Ein Gefühl von Hilflosigkeit überkommt mich.

„Du brauchst Hilfe von einem Schneider", schlägt mein Team vor.

„Nähen und mehr" – Frau Chantel hat vielleicht eine Idee! Ich krame ihre Visitenkarte hervor, renne zum Telefon und wähle ihre Nummer.

Sie erwidert meinen Anruf mit herzlicher Begeisterung. Sie kann sich an mich erinnern. In kurzen Sätzen schildere ich ihr die Lage.

„Bringen Sie das Kleid vorbei, wir werden eine Lösung finden", sagt sie. Dann fügt sie noch hinzu, dass sie auf meinen Anruf gewartet hat, denn sie ist neugierig auf meine „Skulptur". Ihre aufmunternden Worte freuen mich sehr. Neue Hoffnung keimt in mir auf. Mein Team verabschiedet mich mit all seiner moralischen Unterstützung ins Wochenende. Ich trage die bekleidete Schneiderpuppe zum Auto und platziere sie direkt neben mir auf dem Beifahrersitz. Die Kinder sitzen auf der Rückbank. Auf dem Weg zur Schneiderin müssen wir an einer roten Ampel halten. Dem Fahrer des neben uns stehenden Wagens friert sein Wochenendlächeln blitzartig zu einer Grimasse des Entsetzens ein, als er sich uns zuwendet. Doch beim Anblick meiner lachenden Kinder auf der Rückbank gewinnt er schnell die Fassung zurück: Die kopflose Prinzessin neben mir ist nur eine Schneiderpuppe. Wir lächeln uns zu. Als wir an unserem Ziel angelangt sind, holen wir die kopflose Prinzessin aus dem Wagen. Ich trage die Puppe, die Kinder halten das Kleid. Frau Chantel hält die Tür zu ihrem Laden auf, denn sie hat uns erwartet. Wir gehen in das Geschäft und

stellen die Puppe auf den kleinen Tisch, sodass das Kleid über ihn herabfallen kann. Dann bleiben wir stehen und warten auf eine Reaktion, während Frau Chantel langsam das Kleid umkreist. Sie setzt ihre Brille auf und betrachtet die Nähte aus der Nähe. Sie wiegt den Kopf von einer Seite zur anderen und stemmt ihre Hände in die Hüften.

‚Oh, mein Gott!'
Panik überkommt
mich. Ich sehe ihrer
Körpersprache an, dass
ihr nicht zusagt, was sie da
sieht. Wieder fühle ich mich
wie im Kindergarten, doch diesmal
bringe ich kein strahlendes Lächeln
zustande. Ich möchte weinen, aus diesem Laden hinausrennen. Ich brauche frische Luft, ich will fort von Frau Chantel, von
diesem Kleid und sogar von meinen Kindern.
Ich hebe die Hände zum Gesicht, ohne zu wissen, was ich zuerst tun soll: meine aufsteigenden
Tränen verbergen oder mir die Ohren zuhalten, bevor sie ihr Urteil verkündet? „Das ist ein Kunstwerk",
sagt sie endlich. Sie dreht mir ihren Kopf zu, doch
ihr Körper bleibt dem Kleid zugewandt. „Wie bitte?",
frage ich ungläubig durch die Hand hindurch, die mein
Gesicht bedeckt.
„So etwas habe ich noch nie zuvor gesehen. Ihr Ansatz ist
wirklich originell. Das ist ein wunderschönes Kleid. Wir müssen jetzt nur noch die Puppenprinzessin da rausholen, damit
sie es anziehen können."

Ihre Worte fühlen sich an wie die frische Luft, nach der ich mich gerade noch so gesehnt habe. Endlich kann ich wieder atmen. Sie schlägt
eine Lösung mit Reißverschluss vor, nimmt das um ihren Hals hängen-
de Maßband zur Hand und misst die Länge. Dann geht sie in eine Ecke
zu einem Schubladenschrank und kehrt mit zwei dunkelorangefarbenen
Reißverschlüssen zurück. Nacheinander hält sie beide an die Rückensei-

te des Kleids und überreicht mir das Exemplar, das sie farblich und von der Länge her für passend erachtet.

„Haben Sie schon einmal einen Reißverschluss eingenäht?", fragt sie, um sogleich loszukichern, den Kopf zu schütteln und mit ihrer Hand vor meinem Gesicht herumzuwedeln, weil sie die Antwort gar nicht hören muss. Zwischen Kaskaden eines erstaunlich ansteckenden Kicherns stößt sie einzelne Worte aus, während ihre Hand immer noch vor meinem Gesicht herumflattert, um mich an einer Antwort zu hindern.

„Sie brauchen ... hahahaha ... nichts zu sagen, hahahaha. Natürlich haben Sie noch nie einen Reißverschluss eingenäht."

Ihr Kichern ist warm und freundlich. Ich erwidere es mit einem Lächeln, das schnell zu einem Lachen wird. Tränen laufen mir über das Gesicht. Freude und Erleichterung, alle möglichen Gefühle toben in mir. Einige Sekunden später fügt sie in ermutigendem Tonfall hinzu: „Schneiden Sie einfach einen Schlitz in der Länge des Reißverschlusses in die Rückenpartie. Ich schätze, alles weitere kriegen Sie von allein heraus. Vergessen Sie nie: Das Geheimnis guten Nähhandwerks ist Geduld. Nehmen Sie sich Zeit für dieses wichtige Detail. Hetzen Sie nicht, das würde Ihre schöne Arbeit kaputt machen. Selbst wenn Sie das Kleid noch nicht zu dem ursprünglich vorgesehenen Anlass tragen können. Es wird immer Anlässe geben."

Wir verlassen „Nähen und mehr", nicht ohne Frau Chantel zu versprechen, dass wir sie auf dem Laufenden halten werden. Ich lasse den starken Drang, rechtzeitig bis zur Hochzeit fertig zu werden, ein wenig los und beschließe, den Lauf der Ereignisse zu akzeptieren. Noch vier Tage. Jetzt kommt erst mal wieder ein Wochenende! Samstagmorgen klingelt es an der Tür. Der Postbote händigt uns ein Paket aus.

„Großmutters Geschenk!", schreien die Kinder. Ich schaue ihnen dabei zu, wie sie das Paket öffnen. Sie ziehen zwei kleine Schachteln mit Ostereiern aus Schokolade daraus hervor und außerdem eine große, elegante Schachtel. Auf allen drei Schachteln stehen Namen. Meine Tochter liest die Namen laut vor, und zu meiner Überraschung höre ich auch meinen eigenen! Sie gibt mir die elegante Schachtel. Darin finde ich ein dunkelbraunes Kleid aus Chiffon, mit vielen kleinen goldenen Perlen bestickt. Das Kleid ist atemberaubend, ich verliebe mich auf der Stelle. In der Verpackung finde ich eine Nachricht von meiner Mutter: „Viel Glück! In Liebe, Mama." Ich bin glücklich und fühle mich sicher. Ich habe ein Kleid. Ich rufe meine Mutter an und danke ihr. Mein Tag ist gerettet, und den Kindern bleibt erspart, mir auch am Wochenende ihre Zauberkräfte zur Verfügung stellen zu müssen.

Ich bin überrascht, als meine Mutter kurz vor Ende unseres Gesprächs noch etwas anmerkt: „Es ist immer noch eine Woche Zeit bis zur Hochzeit. Du kannst es noch schaffen, dein Kleid fertigzustellen!"

Ich gehe nach unten zu meinem Wandkalender. Meine orangefarbenen Countdown-Ziffern, die

ich vor zehn Tagen eingetragen habe, beginnen mit dem Tag unseres Abflugs nach Dubai, dem 27. Die Hochzeit ist am 30. März. Zeit! Hoffnung! Kraft!

Am Abend schleiche ich wieder in den Keller und mache weiter. Ich schneide einen Schlitz entlang einer der Falten, genau an der Stelle, die Frau Chantel mir gezeigt hat. Dann suche ich ein

Kleid mit Reißverschluss aus meinem Kleiderschrank und untersuche das Reißverschlussprinzip. Es ist schwer, es kostet Zeit und mehrere Versuche, doch letztendlich funktioniert es. Einmal fertig mit dem Reißverschluss, beginne ich mich ins Innere des Kleides vorzuarbeiten. Ich schäle es förmlich von der Puppe herunter, nähe innere Falten, entferne Stecknadeln. Weiterer Stiche, viele Stunden geduldiger Arbeit. Am Sonntag bekomme ich großzügig Zauberkraft von meinen beiden Kindern. Ich darf an meinem Kleid weiterarbeiten. Sie wollen sehen, wie mein Traum in Erfüllung geht. Schlussendlich gelingt es mir, das Kleid zu befreien. Ich halte es in den Armen. Der magische Augenblick ist gekommen, es ist Sonntag, kurz vor Mitternacht. Ich schlüpfe in mein Kleid. Mir fallen Cinderella und ihr Zauberkleid ein. Mein Traum geht in Erfüllung, und anders als bei Cinderella kann kein Zauber ihn mir nehmen. Ich stehe vor dem Spiegel und bewundere das schöne Kleid. Ich drehe mich um, um meinen Rücken zu betrachten. Schock! Das Kleid ist hinten mindestens fünf Zentimeter kürzer als vorn. Mir wird mein Fehler klar. Das Verdrehen des Stoffs für die Schulterträger nimmt dem hinteren Teil Länge.

Für dieses unerwartete Desaster habe ich keine Lösung. Der Zauber ist vorbei, hier bin ich, zurück in der Wirklichkeit. Ich schaue auf die Uhr, es ist Mitternacht. Zum Wohl, Cinderella, und danke, Mama! Immerhin habe ich ein wunderschönes braunes Chiffonkleid zum Anziehen. Ich seufze, lege das Kleid ab und gehe schlafen.

Montagmorgen. Ich führe meinem Team das Kleid vor und weise auf meinen Fehler hin. Gemeinsam suchen wir nach einer Lösung. Das Kleid zu kürzen würde merkwürdig aussehen, da sind wir uns alle einig. Einen Streifen am unteren Rand anzunähen wäre auch keine gute Idee.

Da kommt mein Sohn die Treppe herunter, mit einem der Schokoladenostereier von seiner Großmutter, Mund und Hände verschmiert von geschmolzener Schokolade. Er stolpert über die Teppichkante und verliert das Gleichgewicht. Instinktiv sucht er mit seiner Schokoladenfaust Halt – an der Rückseite meines Kleides.

Die starren Blicke des Entsetzens, die alle auf meinen Rücken gerichtet sind, verraten mir: Mein Kleid hat etwas abbekommen. Langsam und wortlos ziehe ich das Kleid aus und lege es

über die Schneiderpuppe. Ohne dem Fleck Beachtung zu schenken, lächle ich meinen Sohn an, nehme ihn mit zum Waschbecken und wasche ihm Hände und Gesicht. Erst jetzt gestatte ich mir einen Blick auf den Schokola-

denfleck. Er sieht aus wie eine braune Blume, der Abdruck einer kleinen Hand aus Schokolade, genau unterhalb des Reißverschlusses, auf Hüfthöhe. Sanftes Reiben vermag ihn nicht zu entfernen. Ein ganzer Waschgang würde den Stoff definitiv ramponieren.

„Wir empfehlen Trockenreinigung", sage ich mit einem Lächeln, in Erinnerung an die Worte der Stoffverkäuferin – und an ihren Gesichtsausdruck. Aber für eine Trockenreinigung bleibt keine Zeit. Es gibt auch keine Lösung für die fehlende Länge im Rücken des Kleids. Schließlich gebe ich auf und wende die restliche Zeit dafür auf, unsere Reise und den Flug vorzubereiten.

Unsere Gute-Nacht-Geschichte an diesem Abend führt uns 20 Jahre in die Vergangenheit. Ich reise mit meinen Kindern zurück zu den Tagen meiner Kindheit und stelle ihnen Verwandte und Freunde vor, die sie in den kommenden Tagen in Dubai kennenlernen

werden. Später packe ich unsere Koffer. Ich vergewissere mich, dass ich das schöne braune Chiffonkleid nicht vergessen habe. Einmal mehr bin ich meiner Mutter dankbar für ihr rettendes Geschenk und gehe ins Bett.

Der Tag der Abreise

In dieser Nacht träume ich erneut meinen Traum: Ich tanze mit meinem Bruder und seiner schönen Braut. Wir bewegen uns im Kreis. Die Falten meines Bronzekleids wirbeln in unserem Tanz und bilden eine bronzene Rose, eine Blume auf meinem Rücken.

Nach dem Aufstehen gehe ich sofort in den Keller zu dem Kleid. Ich greife in den Stoff um den Schokoladenfleck, drücke ihn zusammen und verdrehe ihn. Die Falten bilden eine Rosenblüte. Der Fleck verschwindet in den Falten. Schnell fixiere ich die Rosenfalten mit Stecknadeln. Meine Konstruktion hebt die Rückseite des Kleids weiter an und formt eine hübsch geschwungene Saumlinie, die zu beiden Seiten gleichmäßig abfällt. Die gesamte Form des Kleids sieht interessant aus, es mutet an wie ein Designerstück. Ich gehe einige Schritte zurück und betrachte es erneut. Die unerwartete Überraschung sieht aus wie ein geplantes Detail. Ich muss nur noch die Zeit finden, um die Rosenfalten mit der gebotenen Eleganz festzunähen.

Die Hochzeit ist in drei Tagen.

In wenigen Stunden brechen wir zum Flughafen auf. Mit meiner in den letzten Tagen gewonnenen Näherfahrung schätze ich, dass ich mindestens drei Stunden für die Rose benötige. Werde ich diese Zeit haben, wenn wir erst einmal angekommen sind? Bald müssen wir los. Ich lege das Kleid und meine Nähutensilien in den Koffer.

Wir sind in Dubai angekommen und finden bereits viele unserer Verwandten und Freunde vor. Sie sind aus allen Himmelsrichtungen gekommen. Alle treffen wir uns jetzt am selben Ort. Die Luft ist getränkt von Emotionen. Wir umarmen uns und tauschen Erinnerungen aus. Wir bringen uns auf den neuesten Stand mit Geschichten aus den letzten Jahren. Wir verbringen die Tage vor der Hochzeit damit, uns neu kennenzulernen. 20 Jahre wollen aufgeholt, viele Verwandte und Freunde begrüßt werden. Ich vergesse das Kleid und erfreue mich an den Gesprächen. Die Nächte sind lang, aber nicht so lang wie unsere Geschichten. Die Hotelgärten und das gute Wetter schaffen eine behagliche Atmosphäre, um zusammenzukommen und miteinander zu plaudern. Wir bleiben bis in die frühen Morgenstunden auf, und gerne würden wir noch mehr Zeit geschenkt bekommen. Wir wissen nicht, ob sich uns jemals wieder eine solche Gelegenheit bieten wird. Tante Jamila und meine Mutter plaudern und lachen. Alle haben eine gute Zeit.

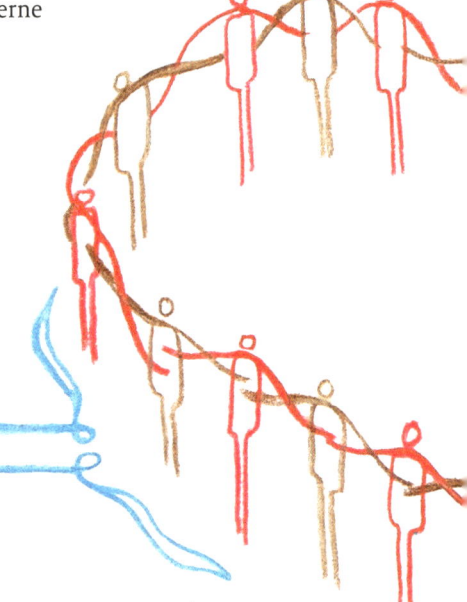

30. März

Am Hochzeitstag. Nach dem Mittagessen trennen wir uns nur schweren Herzens. Jeder geht auf sein Zimmer, um sich auszuruhen und sich für das große Fest vorzubereiten. Als ich allein auf meinem Zimmer bin, hole ich endlich das Kleid hervor. Wenn ich jetzt beginne, die

Rose zu nähen, kann ich es vielleicht noch bis zum Fest schaffen. Ich lasse es auf einen Versuch ankommen und fange an zu nähen. Auf der Hälfte des Weges bin ich voller Hoffnung: Ich brauche noch eine Stunde für die restlichen Stiche, eine weitere für meine Haare und mein Make-up. Das Fest beginnt in exakt zwei Stunden. Ich senke den Kopf wieder über meine Arbeit, da klopft es an der Tür.

Meine Kinder! Ich habe sie vollkommen vergessen! Sofort verflüchtigt sich meine Hoffnung, ich pendle mich wieder in den Realitätsmodus ein. Gerade holen wir ihre Kleidung aus dem Koffer, da klopft es erneut. Meine Mutter steht in der Tür. Sie möchte wissen, wie weit ich mit dem Kleid bin. Ich erzähle ihr vom endgültig verglommenen Strahl meiner Hoffnung. „Vor 20 Minuten habe ich noch gedacht, ich kann es schaffen", sage ich, „aber die Kinder benötigen die Zeit, die ich zum Nähen brauche." Sie sieht die Kinder an und lockt sie, mit auf ihr Zimmer zu kommen. Alle drei können sich genauso gut dort ankleiden. Die Kinder sind begeistert von dem Vorschlag. Sie stapfen davon, mit ihrer Abendgarderobe unter dem Arm, und meine Mutter dreht sich mit einem bedeutungsvollen Blick noch einmal zu mir um, bevor sie die Tür schließt. Dann bin ich wieder mit den Falten meines Kleids allein und fahre fort, in den verbleibenden Minuten die letzten aus einer Reihe von Stichen auszuführen. Schließlich habe ich es geschafft. Ich lege das Kleid beiseite und mache mich fertig.

Noch eine Stunde

Mit Unterstützung des Spiegels bereite ich den
letzten Feinschliff vor: Frisur und Make-up. Als ich mit
meinem Aussehen zufrieden bin, wende ich mich wieder
meinem Kleid zu, das für mich bereitliegt. Der Augenblick, auf
den ich die ganze Zeit gewartet habe, ist gekommen. Ich schlüpfe in
das fertige Kleid und schaue in den Spiegel. Mir gefällt, was ich sehe. Ich
drehe mich im Kreis, tanzend vor Freude. Die Falten, die Länge, die Rose
und der schimmernde Bronzeton – alles ist Wirklichkeit geworden. Ich
raffe den Saum und verlasse mein Zimmer. Wie Cinderella betrete ich den
wartenden Aufzug, mein Transportmittel zu den anderen Hochzeitsgästen,
die alle in der Hotellobby warten. Die Türen des Aufzugs öffnen sich,
und ich gehe zu meiner Mutter und meinen Kindern. Alle drei sehen
toll aus, sie sind sehr gut ohne mich zurechtgekommen. Meine
Mutter jauchzt und umarmt mich ganz fest. Sie küsst mich
bedeutungsvoll und flüstert mir ins Ohr:

„Mein Liebling, du siehst fantastisch aus.
Dein Kleid ist magisch."

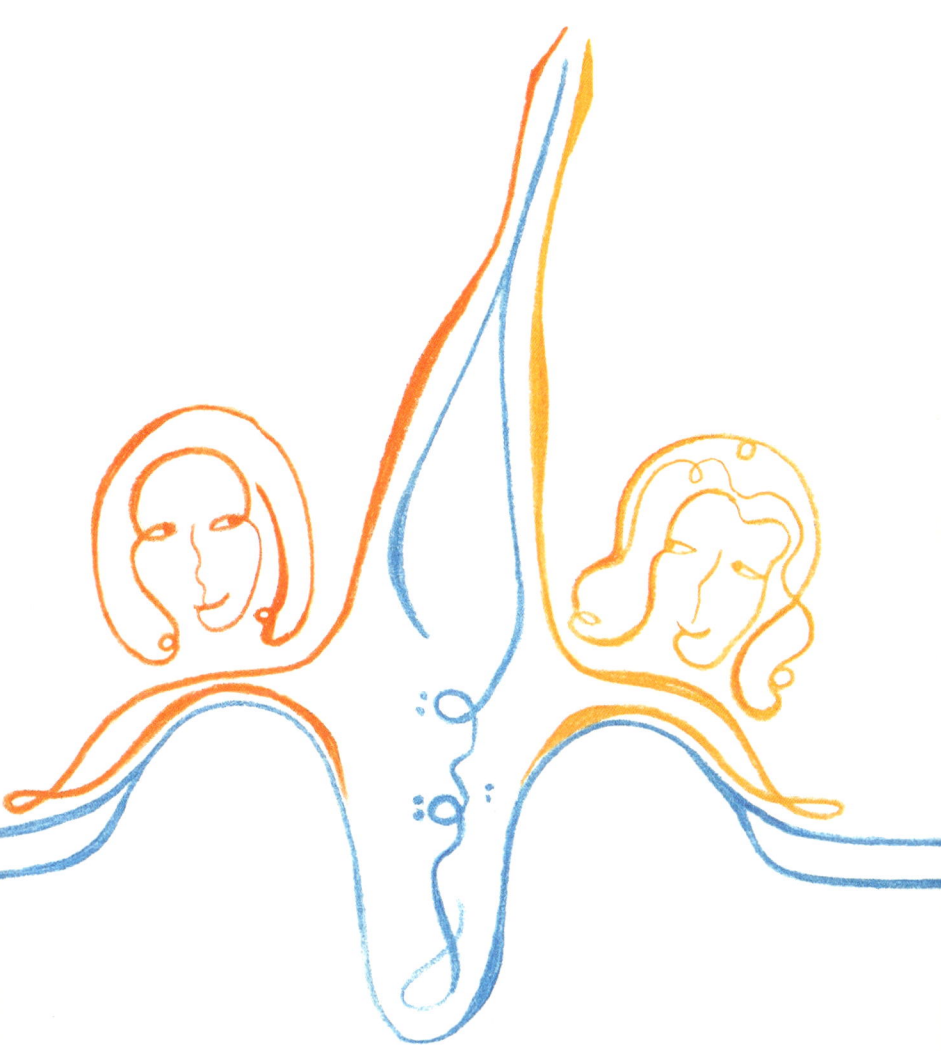

Dann beginnt das Hochzeitsfest.

Und mein Traum wird Wirklichkeit: Ich tanze mit meinem
Bruder und seiner schönen Braut. Ich vermag Traum und Realität nicht
auseinanderzuhalten. Wir sind alle glücklich, wir haben alle Spaß. Ich
sehe, wie auch meine Kinder tanzen. Ich sehe meine Verwandten und
alte Freunde miteinander lachen. Ich sehe meine Mutter und
Tante Jamila, wie sie auf mich zeigen und lächeln.

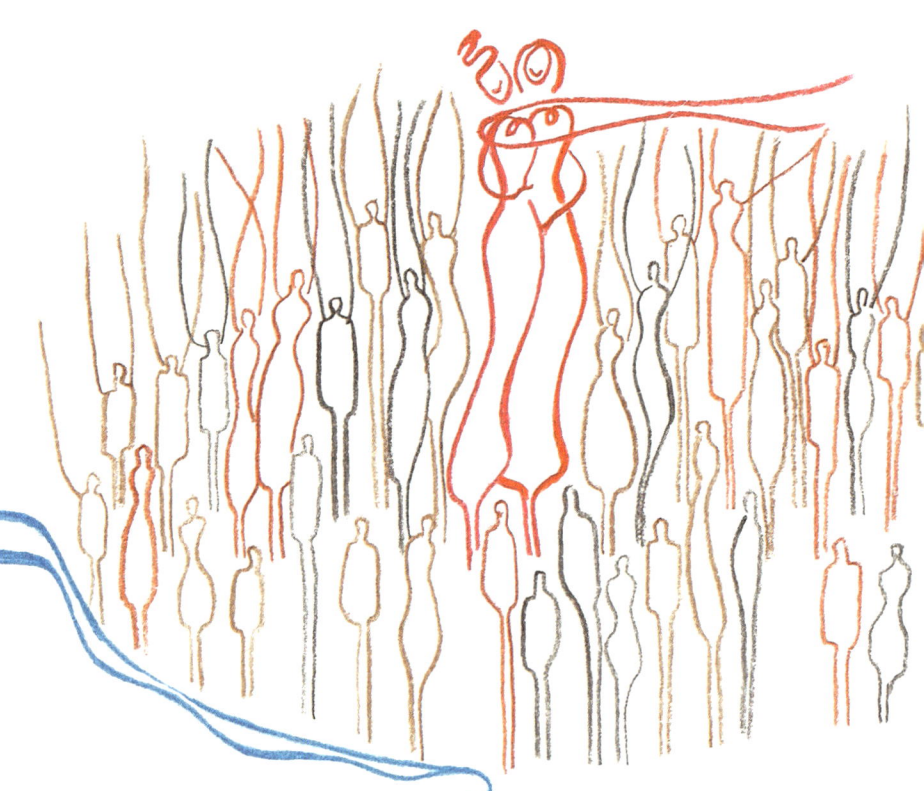

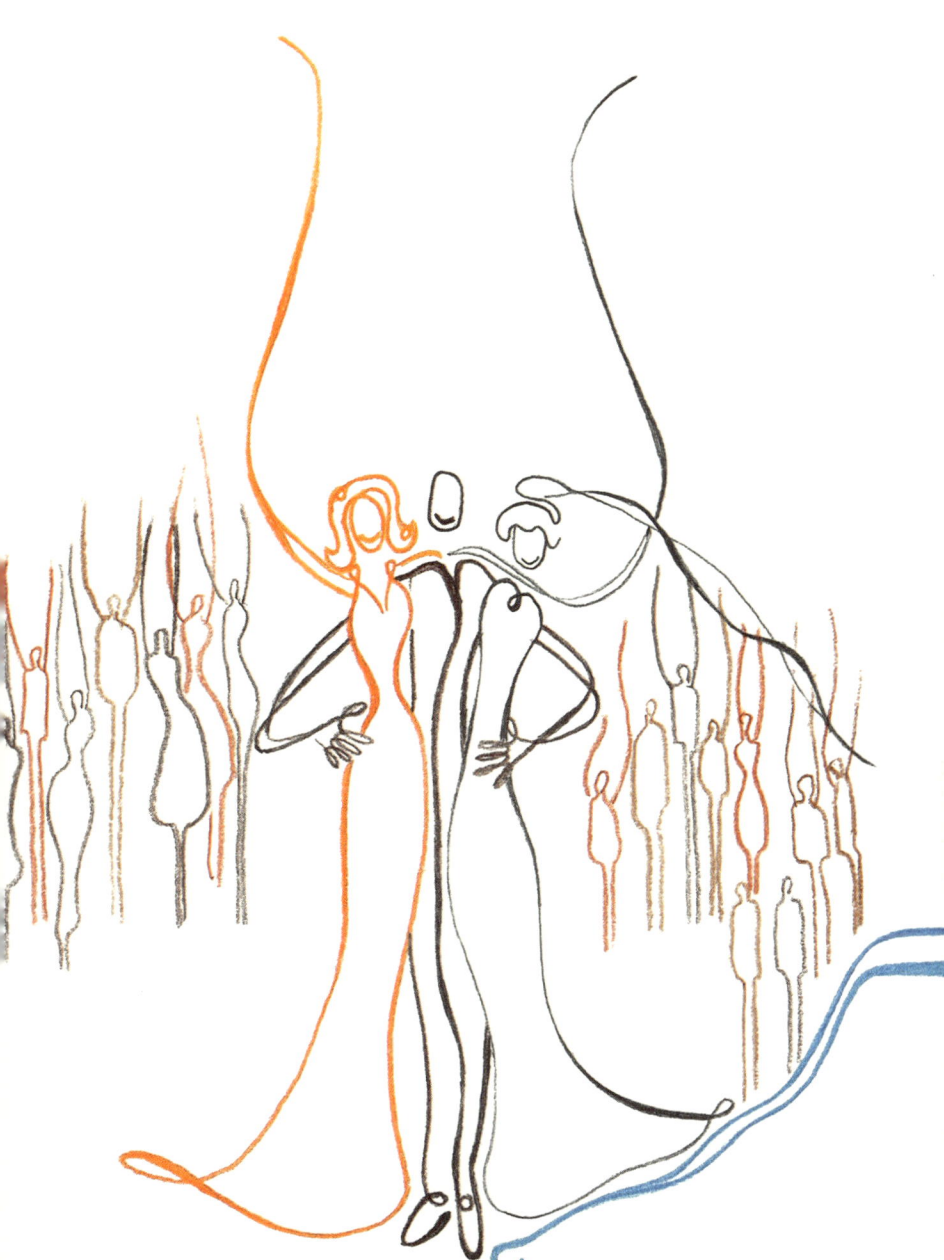

Zwei Wochen später,

zurück in Berlin, klingelt das Telefon.
Meine Mutter ist am anderen Ende der Leitung.
„Tante Jamila hat mich gerade angerufen!", sagt sie
glucksend. „Sie bereitet die Hochzeit ihrer Tochter
vor und hat mich nach dem Modedesigner gefragt,
der dein Kleid entworfen hat. Für das Hochzeits-
kleid ihrer Tochter kann sie sich niemanden
vorstellen, der besser geeignet wäre."

III

Tuc Tuc und Nutella

Einmal musste ich
einer beängstigenden Situation ins
Auge sehen: Es bestand die Gefahr, dass mein
Sohn nur noch zwei Wochen zu leben hat. Was
sollte ich tun? Mit den Augen meines Sohnes sah ich die
Zeit. Ich lernte, Zeit zu schenken. Ich schenkte etliche Jahre
in nur zwei Wochen. Ich rief Jahre meines Lebens herbei und
gab sie dem Leben meines Sohnes. Die Zeit, die ich verschenkte,
öffnete die Tür zu einer neuen Welt. Unsere scheinbare Tragödie entpuppte sich als verkleidete Schönheit. Unsere Herzen
verliebten sich in einen völlig fremden Menschen. Diese
frisch erblühte Liebe führte uns zu einer unglaublich ein-
fachen und doch sehr bewegenden Entdeckung.

Wir nannten es:
Tuc Tuc und Nutella.

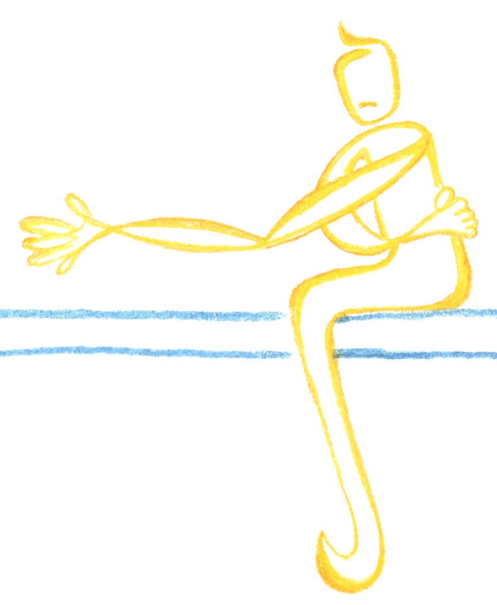

Die Geschichte beginnt mit meiner Klage:
„Ich habe keine Zeit."

Müde schließe ich die Augen und beruhige sie mit dem
sanften, warmen Druck meiner Handflächen. Hinter meinen
geschlossenen Lidern sehe ich Angst. Ich jongliere viele
Aufgaben zugleich – Arbeit, Haushalt, Kinder – und fühle
mich im Stress. Eine Freundin ruft an und fragt, ob ich Zeit
für ein Treffen habe. ‚Klingt sie traurig? Braucht sie meine
Anteilnahme? Meine Zeit? Ach, aber ich stehe doch selbst
unter Zeitdruck. Ich rufe sie später zurück!', denke ich
im stillen Dialog mit meinem schlechten Gewissen.
„Ich habe keine Zeit!", antworte ich der wartenden
Freundin. Es klingelt an der Tür, meine Nachbarin
steht vor mir und sagt etwas. Ich kann ihre Worte
nicht aufnehmen, mein Kopf ist zu voll. ‚Was will
sie? Ich will, dass sie wieder geht.' Ich setze ein
gezwungenes Lächeln auf.
„Ich habe keine Zeit", sage ich schließlich und
wende mich wieder meinen Aufgaben zu.
Mein Sohn ruft nach mir:
„Mama, Mama, ich kann nicht ‚Waum' sagen." Da steht er vor mir, aber ich bin gar
nicht richtig anwesend.

Ich sehe meinen Sohn nicht.
„Ach, Liebling, natürlich kannst du
‚Waum' sagen", beschwichtige ich ihn
kurz – und mache weiter. Meine Augen
sind blind und meine Ohren taub für
meine Freundin, für meine Nachbarin,

für meinen Sohn. Das schlechte Gewissen regt sich, es bringt eine Ausrede und eine Frage vor. Ich akzeptiere seine Ausrede: ‚Eines Tages werde ich Zeit haben.‘ Die Frage überhöre ich: ‚An dem Tag, an dem ich Zeit für die anderen habe – werden die anderen dann auch Zeit für mich haben?‘

Später wird mir klar: Hätte ich hingesehen, hätte ich hingehört, als mein Sohn sich mir mitteilte, dann hätte ich seine Anstrengung wahrgenommen, ‚Baum‘ zu sagen und nicht ‚Waum‘. Wäre ich in diesem Augenblick wirklich da gewesen, hätten sich die Dinge anders dargestellt.

Die Sonne scheint und kündigt einen schönen Sommertag an. Ich schließe die Augen und gestatte meinem Ich einige Sekunden des Für-sich-Seins. Einige Sekunden lang empfange ich die Gaben der Natur, eine kurze Zeit des Lichts für mein erschöpftes Wesen. Dann gehe ich rasch weiter, weise das Angebot der Natur zurück. Ich gehe dorthin, wo Dinge erledigt werden müssen. Dem hellen, heilenden Licht sage ich: ‚Warte auf mich, eines Tages werde ich Zeit haben.‘ Ich öffne mein Tagebuch und gehe die Aufgabenliste durch, die ich

letzte Nacht notiert habe. Wie viele Zeilen dieser Liste werde ich wohl heute durchstreichen können: Arbeit, Haushalt, Kinder?

„Mama, Mama, ich kann beim Zähneputzen das Wasser nicht im Mund behalten!" Mein Sohn fordert meine Aufmerksamkeit. Diesmal höre ich Verzweiflung heraus, seine Sorgen schreien förmlich und wecken meine schlafenden Instinkte. Die Tür zum Jetzt ist geöffnet, ich trete hindurch. Stehe meinem Sohn gegenüber, von Angesicht zu Angesicht – und traue meinen Augen nicht. Ein Monster!

Ich sehe ein Gesicht, in dessen einer Hälfte das Augenlid halb geschlossen ist und Wange und Lippe herunterhängen. Was ist mit meinem Sohn los? Das soll mein Junge sein? Ist sein halbes Gesicht gelähmt? Wann ist das passiert? Wo war ich da?

Die Angst packt mich mit festem Griff und lockt eine Horde anderer negativer Gefühle herbei. Ich fühle Selbstekel angesichts meiner Abwesenheit, ich fühle Schuld angesichts meiner Selbstbezogenheit. Ich fühle Wut, weil die Signale meines Sohnes so schwach waren. Warum hat er mir nicht ins Gesicht geschrien? Warum hat er mir seinen Zustand nicht deutlicher gezeigt?

Ich strecke meine Hand nach seiner kleinen Hand aus, ziehe ihn an mich und renne los. Wir machen uns auf den Weg zum Krankenhaus. Endlose Augenblicke, die Entfernung scheint unendlich groß. Wo ist dieses Krankenhaus? Warum ist es noch immer nicht in Sicht?

Ich will jetzt dort sein, ich will, dass Ärzte sich um mein Kind kümmern! Ich will wissen, was mit meinem Jungen los ist.

Ich werfe mir meine Taubheit für sein Flehen vor.

Ich werfe mir meine Blindheit für seinen wahren
Zustand vor.

Ich werfe mir meine Selbstbezogenheit vor.

Ich bereue meine Abwesenheit.

Ich war nicht da.

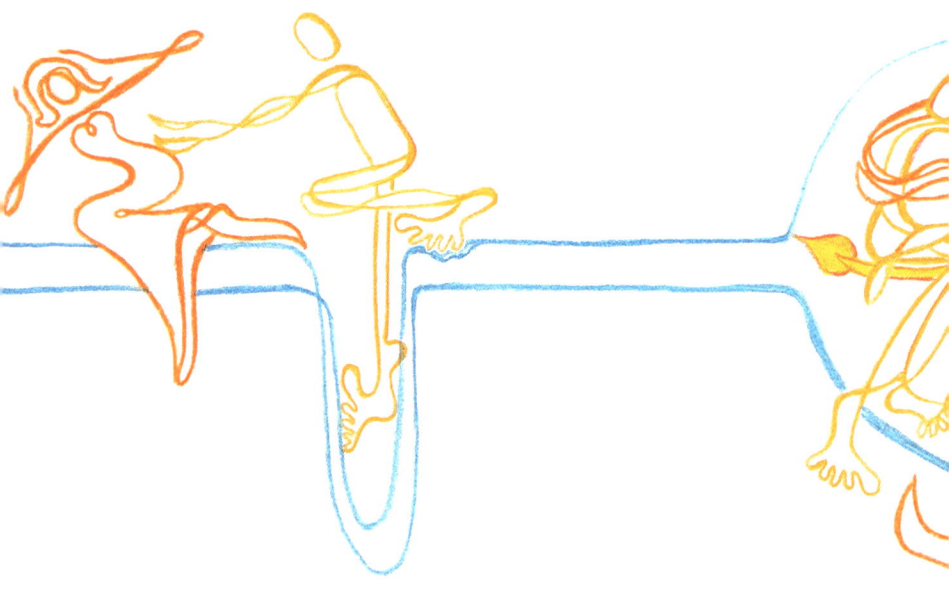

‚Wie ist es jetzt? Bin ich jetzt bei ihm?‘,
frage ich mich. ‚Ich bin in der Vergangenheit, füttere Schuldgefühle und Wut.‘

Warum kann ich nicht den Augenblick leben?
Warum kann ich nicht einfach seine verstörte junge Seele trösten? Sein Blick sucht Zuversicht. Ich hoffe, ich kann meine Angst verbergen. Aber den Trost, den
er jetzt braucht, kann ich ihm nicht geben. Ich habe Angst,
und es gelingt mir nicht, das nicht zu zeigen. Mein Sohn
sieht meine Ängste. Er beginnt zu weinen. Ich weine mit ihm.

So treffen wir auf dem Krankenhausgelände ein:
weinend Hand in Hand.

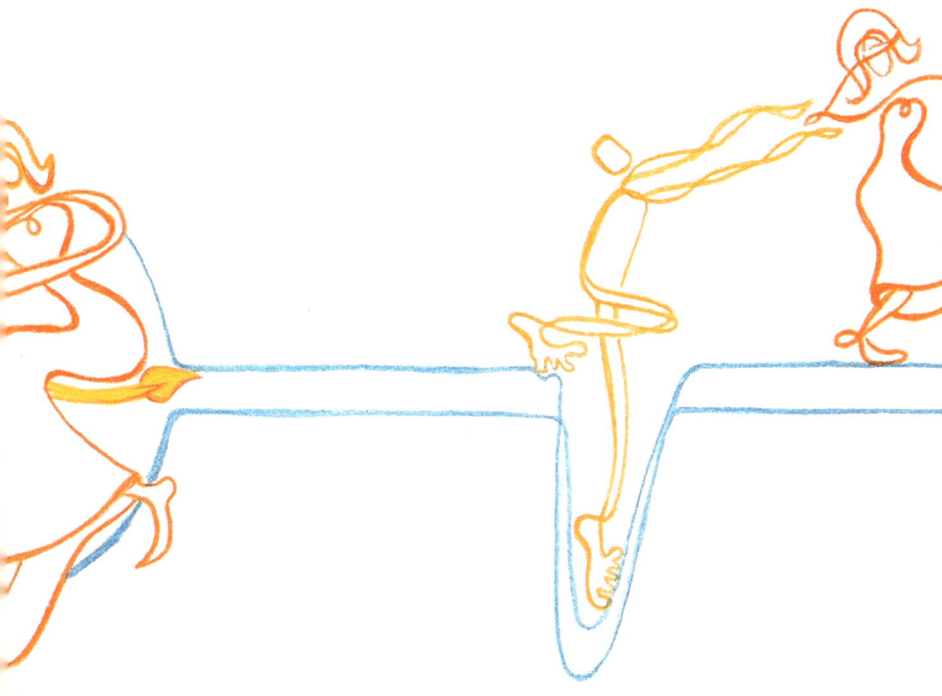

Die Krankenschwester in der Notaufnahme spürt, wie geschockt wir sind. Sie hört unseren Worten der Verzweiflung zu, schenkt uns verständnisvolle Blicke. Sie findet Worte des Trostes für uns und verspricht uns schnelle, professionelle Hilfe. Ihre Wärme holt mich aus der hilflosen Angst zurück in ein hoffnungsfrohes Leben.

Im Warteraum betrachte ich durch Tränenschleier hindurch meinen weinenden Sohn. Mit beiden Händen umfasse ich sein Gesicht und schaue ihm direkt in seine feuchten, unsicher schauenden Augen. Dann hebe ich die Hände in die Luft und drehe langsam meine Handgelenke, bis die Zeigefinger auf meine Augen gerichtet sind. Ich reibe die Finger entlang meiner unteren Augenlider von der Nasenwurzel weg nach außen und wische die Tränen fort. Daraufhin trockne ich meine Finger an seiner Kleidung, mit einer Abwärtsbewegung von seinen Schultern zu seinem Bauch. Diese Choreografie wiederhole ich mit seinen Tränen, die ich an meiner Kleidung abwische. Sein halb gelähmtes Äußeres versuche ich zu übersehen. Ein Lächeln findet seinen Weg aus unseren Herzen auf unsere Gesichter. Unsere engelsgleiche Krankenschwester wartet bereits. Um unsere Aufmerksamkeit auf sich zu lenken, legt sie behutsam ihre Hände auf unsere Schultern. Sie steckt ihren Kopf in die Lücke zwischen unseren Köpfen: „Sie können jetzt zum Doktor hinein."

Gemeinsam gehen wir ins Behandlungszimmer. Ich möchte mich bei ihr für meine Panik vorhin entschuldigen, für mein unkontrolliertes Heulen. Ein englischer Ausdruck kommt mir in den Sinn: ‚I am such a chicken.'

„Ich bin ein Hühn", übersetze ich laut, während wir über den Korridor

gehen. Sie bleibt stehen und schaut mich mit großen Augen an. „Hühn?", fragt sie. Mir fällt mein Fehler auf. Manchmal verwechsele ich das U mit dem Ü. Ich versuche es mit der pantomimischen Vorführung eines Huhns. Ich winkle die Arme an und bewege sie auf und ab wie Flügel. Außerdem mache ich Geräusche: „Gack, gack, gack, gaaaaack."

„Ah, ein Huhn?"

Sie lächelt und guckt mich aus den Augenwinkeln an. Ihr Ausdruck verrät anhaltende Zweifel. Erst jetzt frage ich mich, ob es eine solche Redewendung im Deutschen überhaupt gibt. Wahrscheinlich haben deutsche Hühner keine Angst. Britische Hühner haben sie jedenfalls. Solche Situationen der Sprachverwirrung begegnen mir häufig, denn ich kommuniziere und denke ständig in drei verschiedenen Sprachen. So peinlich das auch oft ist, jetzt hat es eine positive Wirkung. Mein Sohn lacht, und das erleichtert mich sehr. Was die Krankenschwester wohl von mir denken mag: erst das hemmungslose Weinen, dann das pathetische Drama und jetzt die Huhn-Pantomime? Der Gedanke erheitert mich, und ich stimme in das Lachen meines Sohnes ein. Unsere Laune hebt sich, aber nicht für lange.

Der Arzt macht ein ernstes Gesicht, nachdem er meinen Sohn untersucht hat. Die Krankenschwester führt ihn aus dem Zimmer, um seine jungen Ohren vor den kommenden Neuigkeiten zu schützen. Starr vor Schreck sitze ich da und warte auf des Schicksals Urteil aus dem Munde des Arztes: „Ihr Sohn hat eine Meningitis. Das ist eine lebensbedrohliche Krankheit."
Seine Worte legen sich wie schwere Steine auf mein Herz.
„Es handelt sich um eine Entzündung von dünnen Häutchen, die unser Gehirn und das Rückenmark umhüllen. Wir nehmen ihn sofort stationär auf und machen ein paar Bluttests. Erst danach kann ich genau sagen, wie fortgeschritten die Entzündung ist."
„Können Sie ihn heilen?"
„Das hängt davon ab, in welchem Stadium sich die Krankheit befindet und

mit welchem Auslöser wir es zu tun haben."
„Wie sind seine Chancen?", frage ich besorgt.
„Im besten Fall wird er völlig wiederhergestellt", antwortet er zögernd.
Ich sehe unausgesprochene Worte in der Luft schweben. ‚Da fehlt noch ein Halbsatz', denke ich. ‚Warum?' Ich kann mich nicht beherrschen und frage:
„Was wäre der schlimmste Fall?"

„Zwei Wochen ... Aber noch ist es für eine endgültige Diagnose viel zu früh. Erst müssen wir die Untersuchungen durchführen."

‚Was meint er mit zwei Wochen? Hat mein Sohn womöglich nur noch zwei Wochen zu leben? Wird er in zwei Wochen sterben? Das kann nicht sein. So brüchig ist ein Menschenleben nicht.' Mein Herzschlag setzt bei jeder Frage für einen Schlag aus. Tausende von Nadelstichen dringen in mein Herz und in meine Brust. Ich fühle eine so vollkommene Hilflosigkeit, dass ich wie gelähmt bin.

Der Arzt versucht zu helfen, indem er freundlich erklärt:

„Bitte haben Sie Verständnis dafür, dass ich Ihre Fragen beantworten muss. Jetzt, in diesem Augenblick, brauchen Sie sich keine Sorgen zu machen. Sie sind in guten Händen. Wir haben hier eine spezialisierte Kinderabteilung und ein exzellentes Ärzteteam."

Obwohl meine Kräfte schwinden, bringe ich noch eine Frage zustande:

„Was ist mit seiner Gesichtslähmung?"

„Auch das hängt davon ab, welche Schädigungen die Krankheit bereits hervorgerufen hat. Im besten Fall wird sie ganz zurückgehen."

Diesmal versucht er, seinen Satz mit einem echten Punkt zu beenden. Aber seine Wortwahl verrät ihn. Immer noch schwirren unausgesprochene Worte in der Luft. ‚Oh nein, ich frage nicht, ich will es nicht wissen', denke ich. Ich halte meine Fragen in meiner Brust zurück und trage sie mit mir aus dem Zimmer des Arztes hinaus.

Mein Sohn wird sofort stationär aufgenommen. Ich darf bei ihm bleiben. Unsere engelsgleiche Krankenschwester sorgt dafür, dass wir alles haben, was wir brauchen. Einmal in unserem Krankenzimmer eingerichtet, werden wir Teil der natürlichen Krankenhausabläufe. Ein Arzt und eine Schwester kommen mit Nadeln herein. Ich schaue ihnen dabei zu, wie sie meinen Sohn ablenken. Es gelingt ihnen, und als sie den Raum wieder verlassen, haben sie alle Blutproben genommen, die sie brauchen. Ein weiterer Krankenhausmitarbeiter kommt mit Formularen und Fragen. Ich fülle die Formulare aus und beantworte seine Fragen. Eine Schwester bringt uns das Abendessen. Auch jetzt bekommen wir wieder ein Formular. Wir machen unsere Kreuzchen für das Frühstück und das Mittagessen am morgigen Tag. Dann kommt die Nacht. Wir sind uns selbst überlassen. Ich beobachte, wie mein Sohn ein Comicheft liest, das er von der Krankenschwester erhalten hat. Ich täusche Gelassenheit vor und unterstütze so seinen inneren Frieden. Fröhlich liest er den Comic. ‚Was für ein Glück, dass er sein Gesicht nicht sehen muss!' Mein Herz weint still. Ich darf die Nacht im Krankenhaus verbringen, bei meinem kranken Jungen, und schaue ihm dabei zu, wie er einschläft.

Jetzt bin ich allein mit meinen Gedanken, jetzt drängt die zurückgehaltene Frage in meinen Kopf. Ich surfe mithilfe meines Handys im Netz, auf

der Suche nach Antworten. In den ersten Stunden füttere ich meine Ängste mit furchterregenden Informationen über Meningitis. Ich tue mir selber leid. Wird mein Sohn jemals wieder gesund? Werde ich meinen geliebten Jungen verlieren? In den darauffolgenden Stunden weine ich nur noch.

Die ersten Lichtstrahlen bahnen sich ihren Weg in unser Zimmer und kündigen das Ende der Nacht an. Sie künden auch von der Gegenwart der Zeit.

‚Ich kann die Zeit nicht aufhalten, aber ich kann ihre flüchtigen Augenblicke genießen. Ich kann im Zustand der Angst verharren und in meinen Tränen ertrinken. Ich kann aber auch Ausschau halten nach der Freude um mich herum.' Aus diesen Gedanken schöpfe ich etwas Kraft. Ich weise die Angst in ihre Schranken und entscheide mich für die Freude. Obwohl ich sehr erschöpft bin, fühle ich die Energie zu handeln.

Ich werde vom schlimmsten Fall ausgehen. Sollte ich wirklich nur noch zwei Wochen mit meinem Sohn haben, dann werden wir diese Zeit genießen. Wenn das Leben ihm wirklich nur noch zwei Wochen schenkt, dann werden wir dieses Geschenk zelebrieren.

Ich gehe zu meinem schlafenden Sohn, küsse seine geschlossenen Lider und umschlinge ihn in einer innigen Umarmung.

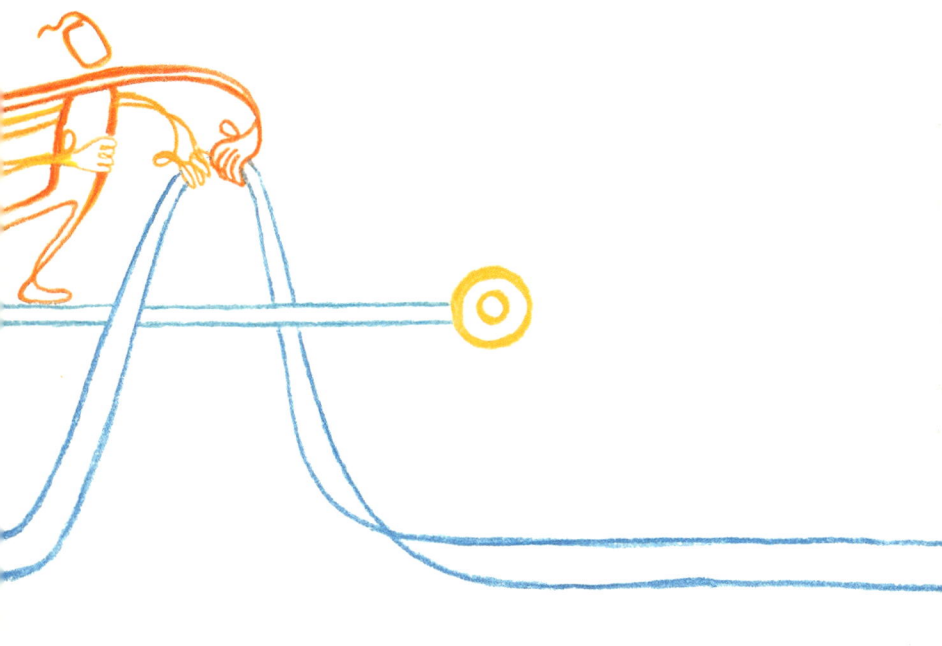

127

„Liebling, wir werden sämtliche Tage,
die uns geschenkt werden, ausleben",
flüstere ich.

Er wacht auf und schaut mich an.
Sein Monstergesicht erschreckt mich,
doch ich versuche, meine Furcht zu
verbergen, und beginne zu singen:
„Guten Morgen, guten Morgen, guten
Morgen, Sonnenschein." Mein Sohn
liebt dieses Lied. Wir haben es schon
oft gemeinsam gesungen – und es passt
zur Situation. Ich bin barfuß und trage
geborgte Krankenhauskleidung: eine
Art im Rücken zusammenzubindender
Schürze mit Ärmeln. Ich habe lediglich die obersten Bänder im Nacken
verknüpft. Der Rest meiner Körper-
rückseite ist bestimmt gut einsehbar.
So tanze ich um das Bett meines
Sohnes herum und singe. Ein Lächeln
huscht über sein gelähmtes Gesicht.
Es versetzt mich in Begeisterung, ich
singe lauter und tanze ausgelassen
durchs Zimmer.

Da geht die Tür auf, und die engelsgleiche Krankenschwester tritt ein.
Ich bremse meine Bewegungen ab. Sie
wartet, bis ich wieder gerade stehe.
„Guten Morgen." Hinter dem Lächeln
ihrer Augen sehe ich Fragen.

,Das war's!', denke ich.
,Jetzt hält sie mich endgültig
für verrückt.'
Mein Sohn lacht schon wieder.

„Guten Morgen", sage ich, die Krankenhausschürze etwas krampf-
haft hinter meinem bloßen Rücken zusammenhaltend.

„Mein Name ist Brigitta", stellt sie sich vor und schaut meinen
Sohn an.

„Und wie heißt du?"

„Ich heiße Alus", antwortet er.

„Ich habe ein neues Comicheft für dich! Solange du hier
im Krankenhaus bist, werde ich mich um dich kümmern.
Du kannst mich immer rufen, wenn du etwas brauchst."
Brigitta erklärt mir, dass die Untersuchungen und Be-
handlungen mehrere Tage in Anspruch nehmen werden.

„Wahrscheinlich können Sie nicht über mehrere Tage
die ganze Zeit hierbleiben, oder?"

„Ich habe Zeit", höre ich mich hastig antworten.

„Ich habe Zeit", wiederhole ich.

Meine eigene Aussage fasziniert mich, und ich möchte sie
noch einmal hören. Freude schießt durch meinen Körper,
als wäre ich ein Springbrunnen. Ich fühle mich, als hätte ich
soeben eine Entdeckung gemacht, als hätte ich einen Schatz
geborgen. Brigitta erklärt uns die Abläufe: Frühstück, ärztliche
Visite, Mittagessen, Abendessen.

Im Erdgeschoss gibt es ein Kinderspielzimmer sowie eine Cafeteria, wo
man sich mit Besuchern treffen kann. Das Krankenhaus hat auch einen
Garten, in dem es sich schön herumspazieren lässt. Während Brigitta
spricht, kreisen meine Gedanken um ein einziges Wort: WANN? Wann wird
mein Sohn behandelt werden? In seinem Körper wütet eine Krankheit, die

seine Gesundheit zerstört, die seine Tage frisst. Wann werden die Ärzte damit anfangen, diese Krankheit zu bekämpfen? „Die Ärzte haben schon mit der Visite begonnen", antwortet Brigitta besonnen. „Sie sollten etwa um 10 Uhr hier sein." ‚In drei Stunden erst?', denke ich. ‚Drei Stunden Warterei, drei Stunden, in denen die Entzündung noch mehr Schaden im Körper meines Sohnes anrichtet?' Ich will mich beschweren, ich will sie anflehen, ich will, dass die Ärzte sofort kommen, ich will mich vordrängeln. Ich öffne den Mund, um Einspruch zu erheben ... Da hören wir auf dem Gang eine wütende Frauenstimme: „Wann kommen denn die Ärzte endlich? Mein Sohn ist ein dringender Fall, er muss als Erster drankommen und sofort untersucht werden!"

„Bitte beruhigen Sie sich, Frau Müller. Die Ärzte sind schon unterwegs. Alles wird gut."

„Ich habe solche Angst. Ich mache mir große Sorgen um meinen Sohn. Die ganze Nacht lang habe ich kein Auge zugetan. Ich habe nur geweint. Warum er? Warum mein Junge? Er ist doch erst fünf. Bitte helfen Sie mir! Bitte helfen Sie meinem Jungen!" Wir hören die Frau schluchzen.

Brigitta schenkt mir einen vielsagenden Blick.

Meine unausgesprochene, doch offensichtliche Selbstbezogenheit ist mir peinlich. Ich schließe meinen offenen Mund wieder und senke den Blick. Brigitta gibt Alus das Comicheft. Eine Schwester bringt das Frühstück. Brigitta wünscht uns guten Appetit und geht. Nach dem Frühstück verlassen wir unser Zimmer, um unsere neue Umgebung zu erkunden.

Vor unserer Tür spricht Brigitta mit einem jungen Patienten, der in etwa so alt ist wie mein Sohn: „Deine Mama kann heute nicht kommen, mein Liebling, sie hat einfach keine Zeit. Sie muss sich um deine fünf Geschwister kümmern. Aber sie kommt bestimmt am Wochenende. In der Zwischenzeit bin ich für dich da, und bis ich wieder zu dir komme, kannst du ja dein neues Comicheft lesen."

Nur widerwillig trottet der Junge zurück in sein Zimmer.

Ich bin neugierig, mein Blick folgt ihm durch die geöffnete Tür: Stofftiere auf dem Bett, ein ganzer Stapel an Comicheften auf dem Nachttisch, Nutella-Gläser und Saftpackungen, ein Bettbezug mit Tiermuster. Alles deutet auf einen längeren Aufenthalt hin. Der Junge setzt sich mit äußerst vorsichtigen Bewegungen auf sein Bett. Es sieht aus, als hätte er Schmerzen. Er öffnet ein Comicheft und fängt an zu lesen.

Der Junge tut mir leid.

Ich gucke meinen Sohn an und nehme seine Hand. Wir brechen zu unserem geplanten Erkundungsspaziergang auf. Mein Herz fordert mich auf anzuhalten, mich noch einmal umzudrehen und in das Zimmer des Jungen zu gehen. Ihm Zeit zu schenken, seine Sehnsucht zu stillen. Seine jungen Ohren mit einer Unterhaltung zu füllen und ihn zu zerstreuen. Ich habe nicht nur Zeit, ich habe auch Ideen. Ich habe Geschichten.

Doch mein selbstbezogenes Ich erinnert mich an meinen eigenen Kummer. Ich mache mir Sorgen um meinen Sohn, warte ungeduldig auf die Visite der Ärzte.

Ich muss hier raus, in die Sonne. Und ich will meinem Sohn eine schöne Zeit bereiten. Diesen Plan führe ich aus. Hand in Hand gehen wir über die Krankenhausflure bis zum Garten. Auf dem Weg fällt mir etwas auf: Zeit gibt es hier im Überfluss. Der alltägliche Krankenhausablauf scheint die zentrale Handlung zu sein.

Die Hauptrolle spielt das medizinische Personal. Patienten und Angehörige sind ganz auf die Augenblicke fixiert, in denen ihnen die Aufmerksamkeit dieser Menschen gehört. Die Zeit aller wird um diese Augenblicke herum definiert. Die vielen restlichen Stunden des Tages verbringt man mit Warten. Sonnenlicht begrüßt uns, als wir in einen schönen Sommertag hinaustreten. Heute heiße ich dieses Licht willkommen und nehme sein Angebot an. Ich schließe meine Augen und genieße die Wärme auf meinen Lidern. Ich brauche diese Wärme zur Heilung meiner schmerzenden Seele. Mein Sohn und ich schweigen. Mir ist meine gedankliche Abwesenheit bewusst. Ich dränge die Zeit, schneller an den Punkt zu kommen, an dem die Ärzte Zeit für uns haben werden. Noch drei Stunden.

Plötzlich lässt Alus meine Hand los und rennt zu einem Springbrunnen. Er taucht seine Hand ins Wasser. Ich gehe ihm nach, ziehe meine Schuhe aus und steige in das trübe Becken.

Ich fordere meinen Sohn heraus, es mir gleichzutun. Der Kitzel des Wagnisses, die Überwindung von Ekel und Kälteschock spiegeln sich auf meinem Gesicht und in meiner Stimme wider. Ich kreische. Alus steigt ebenfalls in das Becken, gemeinsam genießen wir den gleichen Kitzel und kichern vor Freude. Unser nächstes Ziel ist die Statue in der Mitte des Brunnens, die Figur eines pinkelnden Kindes. Wir gehen zu seinem Wasserstrahl, halten die Hände darunter und machen dazu quietschende Geräusche des Ekels und der Belustigung. Dann rutschen wir über den veralgten Boden zurück zum Beckenrand, Hand in Hand, uns aneinanderklammernd.

Ehe wir uns versehen, ist es Zeit, den Garten zu verlassen. Zeit, wieder nach oben zu gehen, Zeit für die ärztliche Visite.

Die Visite ist kurz, und obwohl ihr Fazit mich ängstigt, habe ich doch das Gefühl, dass wir in guten Händen sind. Das Ärzteteam beschließt, sofort drei unterschiedliche Medikamente per Infusion zu verabreichen, denn die Gesichtslähmung meines Sohnes ist ein bedrohliches Zeichen. Auf die Untersuchungsergebnisse zu warten wäre lebensgefährlich. Dieses Risiko ersetzen sie durch eine weniger

riskante Entscheidung: den jungen Körper meines Sohnes einer heftigen Medikation auszusetzen. Diese Medikation kann reduziert werden, sobald die Untersuchungsergebnisse vorliegen.

Ich sitze neben Alus und beobachte, wie die ersten Tropfen eines starken Antibiotika-Cocktails durch einen durchsichtigen Schlauch rinnen. In der

weichen Haut meines Sohnes steckt eine Nadel, von dort gelangen die Medikamente in seinen kleinen Körper. ‚Jetzt habe ich auf einmal ganz viel Zeit', denke ich, ‚Ironie des Schicksals!' Ich habe alles zurückgestellt, was normalerweise meine Zeit beanspruchen würde. In diesem Augenblick bin ich hier mit meinem Jungen. Ich will bei ihm sein, gleichgültig, wie viel gemeinsame Zeit uns das Universum geben mag. Habe ich ihm jemals von meiner Kindheit erzählt? Von der Zeit, als ich so alt war wie er jetzt? Wie weit diese Zeit doch entfernt ist vom Jetzt und wie weit der Ort von hier! Jetzt haben wir die Zeit für eine solche Reise. Wir werden sie gemeinsam antreten, nur wir beide, Mutter und Kind.

Brigitta betritt das Zimmer. Sie macht für heute ihre letzte Runde. Ich frage sie nach dem einsamen Jungen aus dem Nebenzimmer, dessen Mutter sich nicht um ihn kümmern kann. Sie erzählt mir seine Geschichte: Der Junge heißt Rohan. Er leidet unter einer Hautkrankheit, die schmerzhafte Geschwüre bildet. Diese Wunden brauchen tägliche medizinische Pflege, und deshalb kann er das Krankenhaus kaum verlassen. Das geht jetzt schon mehrere Monate. In den ersten

Wochen hat ihn seine Mutter jeden Tag besucht und ihm beigestanden. Aber sie hat noch fünf weitere Kinder, die sie genauso brauchen. Letzten Monat konnte sie nur noch an jedem zweiten Wochenende kommen. Der Vater arbeitet in einer anderen Stadt. Rohan muss seine Zeit mit Fernsehgucken verbringen oder damit, sich selbst zu unterhalten.

„Rohan braucht Zuneigung", fügt sie hinzu. „Ich bemühe mich, ihn bei guter Laune zu halten und ihm Aufmerksamkeit zu schenken, denn ich glaube, Liebe ist ein Schlüssel zu seiner Gesundung."

Brigitta erklärt, wie sie versucht, Rohans Situation zu erleichtern, doch ihre Zeit ist begrenzt. Sie seufzt und fügt hinzu: „Ab morgen habe ich für ein paar Tage Urlaub. Rohan hängt an mir. Es bricht mir das Herz, ihn allein zu lassen."

„Kann ich helfen? Ich habe Zeit." Ich mag diesen Satz.

Brigittas Augen sprühen Funken. Sie schlägt vor, Alus in Rohans Zimmer zu verlegen. Unsere Anwesenheit könnte helfen, dem Jungen etwas Abwechslung zu verschaffen. Also richten wir uns in Rohans Zimmer ein. Brigitta stellt uns einander vor, dann verabschiedet sie sich. Ich beobachte, wie behutsam sie dabei Rohans Fingerspitzen berührt, darauf bedacht, dass ihre Abschiedsgeste seine empfindliche Haut nicht verletzt. Ich schenke Brigitta einen warmen, respektvollen und zuversichtlichen Blick.

‚Dem Beispiel dieser Frau muss man einfach folgen', denke ich und schaue ihr nach, als sie das Zimmer verlässt.

Zunächst ignoriert Rohan unsere Anwesenheit. Er schaut eine Fernsehsendung. Ich sitze auf einem Stuhl zwischen den beiden Krankenbetten.

Schließlich ziehe ich mein Skizzenbuch und mein Federmäppchen aus der Handtasche und bereite mich darauf vor, eine Geschichte zu erzählen, indem ich schon mal ein paar Zeichnungen anfertige.

Dann fange ich an:

„Ich möchte eine Geschichte erzählen. Habt ihr Jungs Interesse?" Ich richte meine Frage sofort an beide Jungen. Rohan ignoriert mich weiter, mein Sohn antwortet mit Ja.

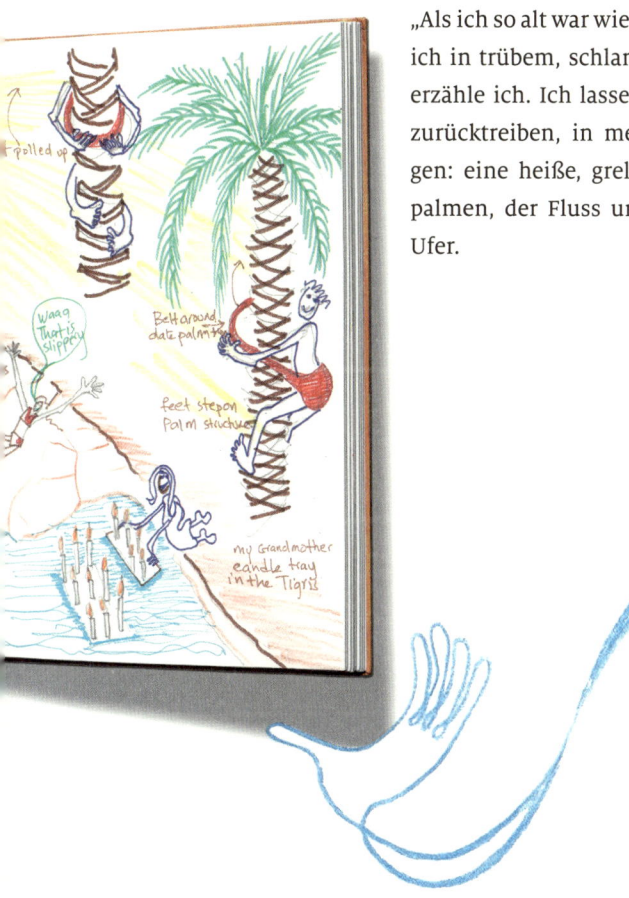

„Als ich so alt war wie ihr, da schwamm ich in trübem, schlammigem Wasser", erzähle ich. Ich lasse mich in der Zeit zurücktreiben, in meinen Erinnerungen: eine heiße, grelle Sonne, Dattelpalmen, der Fluss und sein lehmiges Ufer.

Ich denke an den Spaß, den ich dabei hatte, mit meinen Geschwistern zu spielen und zu schwimmen, an unser Lachen und unsere Freude.

„In dem Land, aus dem ich komme, hatten wir exotische Sportarten, die hier völlig unbekannt sind. Zum Beispiel Dattelpalmen-Wettklettern!" Ich mache mich daran, eine ausgedachte Szene mit Kindern, die Dattelpalmen hochklettern, zu zeichnen.

„Schnee hatten wir keinen, aber trotzdem hatten wir eine Art Skirennen. Wir sind mehrere Meter weit auf glitschigem Lehm die Uferböschung hinuntergeschlittert." Wieder illustriere ich meine Worte mit kleinen Skizzen in dem Buch auf meinem Schoß. Mein Sohn stellt mir Fragen, ich antworte mit gesprochener Sprache und weiteren Zeichnungen. Rohans anfängliche Ablehnung schmilzt dahin. Er macht den Fernseher aus, legt das Comicheft beiseite, dann betrachtet er meine Zeichnungen.

„Ist das nicht furchtbar dreckig?", fragt er und zeigt auf die Zeichnung, die ich von mir selbst gemacht habe, lehmverschmiert von oben bis unten, als

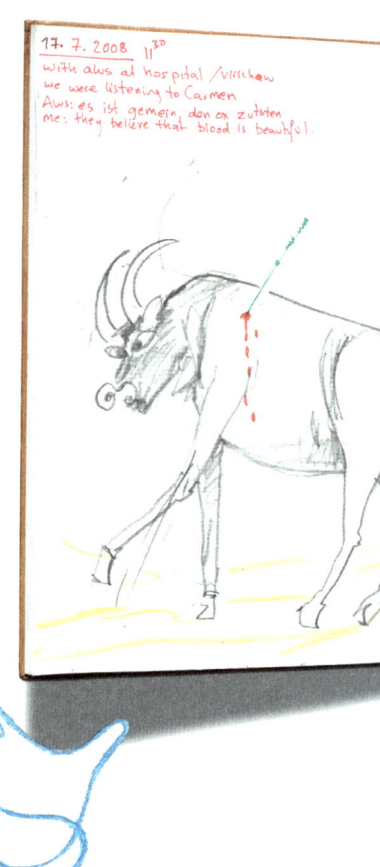

Ergebnis der Schlitterpartie am Flussufer. ‚Hab ich dich', denke ich, begeistert davon, seine Aufmerksamkeit gewonnen zu haben. Eine Verbindung ist hergestellt.

Von diesem Augenblick an sind wir zu dritt.

Zu dritt ziehen wir durch die Flure, beobachten die kranken Kinder und die wartenden Menschen. Zu dritt spazieren wir durch den Garten, spielen Spiele und essen gemeinsam. Wir sind immer zu dritt. Zu dritt vergessen wir das Vergehen der Zeit.

Tagsüber erzähle ich den Jungs Geschichten. Dabei kommen wir einmal auf Blut zu sprechen und darauf, wie unwohl man sich fühlt, wenn man Blut sehen muss. Ich zeichne eine Geschichte von Stierkämpfern und erkläre, dass man in Spanien mit diesem Sport die Schönheit des Blutes zelebriert. Ich singe ihnen das Stierkämpferlied aus „Carmen" vor, einer meiner Lieblingsopern, und bringe es ihnen bei. Abends bleibe ich, bis beide eingeschlafen sind. Erst dann verlasse ich das Krankenhaus.

Jeden Morgen komme ich früh – rechtzeitig, um das Küchenpersonal mit dem Frühstück abzupassen. Ich schiebe den Frühstückswagen persönlich in das Zimmer und singe dazu: „Guten Morgen, guten Morgen, guten Morgen, Sonnenschein!" Ich nehme meinen Sohn in die Arme und küsse ihn, dann berühre ich Rohans Fingerspitzen, dem Beispiel Brigittas folgend. Ich kann Rohans Sehnsucht nach Berührung spüren. Da habe ich eine Idee. „Vögel umarmen den Zweig eines Baumes mit ihren Krallen. Bäume können Liebe geben und Trost spenden, genau wie eine Mutter ihrem Kind. Durch diese Kraft können Vögel singen."

Ich zeige ihnen, was ich meine, indem ich den Zeigefinger meiner rechten Hand ausstrecke und ihn mit den Fingern meiner linken umklammere. Ich bin der Vogel, und ich bin der Baum. Beide Jungen schauen mich neugierig an.

„Sollen wir es mal ausprobieren?", frage ich und ziehe beide Betten näher an mich heran. Ich breite die Arme aus, drücke die Ellbogen an meine Rippen und strecke jedem der Jungen einen Zeigefinger entgegen. Sie ahmen mich nach: Jeder legt eine Hand auf einen meiner Zeigefinger und umfasst ihn mit Fingern, die wie Vogelkrallen gebogen sind. Wir kichern alle drei: Das ist lustig.

Rohan fängt an, wie ein Kanarienvogel zu pfeifen, mein Sohn macht es ihm nach. ‚Der Junge hat Humor', denke ich beeindruckt. Ich kann die Wärme

ihrer Berührungen spüren. Ich fühle Liebe und gebe Liebe. Nun fange ich an, meine Geschichte zu erzählen. Wir fliegen zu meinen Erinnerungen. Jede Geschichte, die ich erzähle, ermöglicht es mir, vergangene Zeiten noch einmal zu erleben und die Liebe derjenigen erneut zu spüren, die diese Augenblicke mit mir geteilt haben. Ich erzähle den Jungen von meiner

Großmutter und von den Brettern voller entzündeter Kerzen, die sie einmal im Jahr auf dem Fluss aussetzte. Viele andere Frauen taten dasselbe, am selben Tag, zur selben Stunde, kurz vor Sonnenuntergang. Der Fluss glitzerte von Tausenden orangefarbenen Flackerlichtern. Die Kerzen waren die Wünsche der Frauen, der Fluss sollte sie in Erfüllung gehen lassen. Die Vogel-Baum-Nummer wird uns zur Gewohnheit. Wir führen sie jeden Tag auf. Sie gibt jedem von uns die Liebe, die wir brauchen, um durch unseren Krankenhaustag zu kommen, während wir darauf warten, dass Gesundheit Gestalt annimmt. Allmählich geht die Gesichtslähmung meines Sohnes zurück. Die Medikamente schlagen an. Dann kommen die Untersuchungsergebnisse. Zur allgemeinen Erleichterung ist das identifizierte Bakterium von der heilbaren Sorte. Die Medikation kann auf ein Antibiotikum reduziert werden. Langsam, aber sicher gewinne ich Rohans Vertrauen. Ich bin dankbar für seine rührende Anwesenheit. Zu dritt sind wir ein gutes Team. Wir helfen uns gegenseitig, mit dem Überfluss an Krankenhauszeit zurechtzukommen. Als ich wieder einmal meine beiden Zeigefinger links und rechts ausstrecke und meine beiden Vögelchen ihre süßen Handkrallen darauf landen lassen, muss ich belustigt an Brigitta denken: ‚Das sollte sie sehen! Wir müssen rasend komisch aussehen, so wie wir hier sitzen.‘ Allmählich werden die Krallen meiner Vögelchen schwerer. Mein Sohn rutscht näher an mich heran und lehnt seinen Kopf an meine Brust. Auch Rohans Hand wird schwerer, und zu meiner Überraschung legt er seinen Kopf auf meine Schulter. Ich versuche, Pose und Gleichgewicht zu halten, trotz der beiden Köpfe und der schweren Hände. Es wird zunehmend schwieriger. In diesem Augenblick geht die Tür auf. Vor mir steht Brigitta.

Ich hätte gedacht, dass wir ziemlich lustig aussehen und dass unser Anblick sie amüsieren würde. Doch statt eines Lächelns sehe ich Brigitta erstarren. Sie hält sich beide Hände vor den Mund, und ihre Augen ziehen sich zu Schlitzen zusammen. Sie fängt an zu weinen. Ich merke, wie auch mir die Tränen herunterrollen. Mein Körper ist schon ganz steif, ich kann mich nicht bewegen. Meine Nase läuft und kitzelt, ich rümpfe sie und ziehe sie hoch. Um die Jungen nicht zu wecken, verharre ich in meiner Körperhaltung.

Da fängt Brigitta an zu lachen.

‚Großartig‘, denke ich. ‚Reiß dich zusammen, gute Frau! Wann kommst du endlich und befreist mich von diesem Knäuel menschlicher Liebe?‘

„Hilfe“, sage ich und lächle durch meine Tränen hindurch. Brigitta entwirrt unseren Knoten der Liebe, indem sie jedes der schlafenden Kinder behutsam in sein Bett legt. Endlich bin ich befreit und kann meine kitzelnde Nase putzen.

Inzwischen ist Wochenende. Der Besuch, den Rohan so sehnsüchtig erwartet hat, kommt nicht. Seine Mutter ruft ihn täglich an, aber sie schafft es nicht, ihn

dieses Wochenende zu besuchen. Ich muss mir etwas einfallen lassen, um in dieser Lage zu helfen. Also erzähle ich die Geschichte von der Schokolade und dem Brot, jene Geschichte, der wir später den Titel „Tuc Tuc und Nutella“ gaben. Ich bitte die Jungen, sich das Leben eines Menschen wie eine Schachtel vorzustellen. Ich zeichne drei Schachteln und zeige ihnen, dass es drei Arten von Leben gibt. Manche Menschen bekommen in ihrem Leben nur Brot zu essen. Manche bekommen Brot und Schokolade. Die dritte Sorte bekommt ausschließlich Schokolade. Schokolade heißt hier: Liebe. Manche Menschen werden ohne Liebe geboren. Sie gehen durchs Leben und wissen nicht, wie Liebe schmeckt. Sie kennen nur den Geschmack von Brot. Die dritte Sorte bekommt nichts anderes als Liebe. Diese Menschen werden von einem Überfluss an Liebe verdorben, sie können ihren Segen nicht wertschätzen. Die Menschen der mittleren Kategorie aber haben Glück. Sie haben den Mangel an Liebe gekostet, den Geschmack des Brotes. Sie sind es, die die Bedeutung von Liebe verstehen und die den wunderbaren Geschmack von Schokolade wertschätzen können. Sie sind auch diejenigen, die Liebe vermissen, wenn sie nicht da ist. Diese Menschen können Liebe selbst hervorrufen, weil sie wissen, wie sie sich anfühlt.

Ein wichtiger Schlüssel zum Glück ist das Geben. Nicht das Warten darauf, etwas zu bekommen.

Man kann immer Liebe geben, weil Geben in unserer Hand liegt. Wann immer wir also Liebe brauchen, wann immer wir nur das Brot haben, müssen wir uns einfach nur umsehen und Liebe schenken. Dann schmeckt das Leben köstlich. Die Kombination aus beidem ist der beste Geschmack.

Ich schaue in zwei fragende Gesichter. Vor mir steht ein Nutella-Glas. Außerdem springt mir eine Packung Tuc ins Auge, das sind salzige Kekse. Ich hole zwei Kekse heraus und gebe jedem Jungen einen zum Probieren. Anschließend öffne ich das Nutella-Glas und fordere beide auf, einen Finger hineinzustecken, bis er ordentlich mit der Schokoladencreme bedeckt ist, und diesen Finger dann abzulecken. Dann bereite ich zwei Sandwiches vor, jeweils zwei Tuc-Kekse mit Nutella-Füllung. Ich gebe jedem sein Sandwich und fordere die Jungen auf, es zu essen. Ihnen gefällt die Kreation. Wir stimmen überein, dass es so am besten schmeckt. Das Vergnügen, das darin liegt, Liebe zu geben, ist dem, Liebe zu bekommen, gleichwertig. Wenn wir in der Lage sind, Liebe zu geben und nicht zu warten, bis sie zu uns kommt, dann ist das wie die Zubereitung eines Sandwiches mit Tuc-Keksen und Nutella. Ich weiß nicht, wie die Jungen meine Botschaft auf philosophischer Ebene aufnehmen, kulinarisch ist sie jedenfalls ein voller Erfolg. Das Tuc-Tuc-Nutella-Sandwich wird der Lieblingssnack von uns dreien. Am Ende unserer zweiten Krankenhauswoche eröffnet die Visite wunderbare Nachrichten: Alle Untersuchungen bestätigen den Rückgang der Infektion. Auch die Gesichtslähmung meines Sohnes verschwindet. Er darf das Krankenhaus verlassen. In den folgenden zwei Wochen muss er jeden Tag für eine Stunde ins Krankenhaus

zurückkommen, damit man ihm hier seine Medikamente intravenös verabreichen kann. Auch Rohan hat tolle Neuigkeiten: Er erzählt uns, dass seine Familie angerufen und angekündigt hat, ihn zu besuchen, seine Eltern und die fünf Geschwister. Es ist eine so große Freude, die ganze Familie beisammen zu sehen und beobachten zu können, wie Rohan von jedem einzelnen Familienmitglied Liebe empfängt. An diesem Tag erlauben die Ärzte Rohan sogar, seine Familie nach Hause zu begleiten. Wir verabschieden uns und gehen davon aus, dass wir uns sicher bald wiedersehen werden. Schließlich kehren wir in den nächsten zwei Wochen jeden Tag hierher zurück. Jedes Mal, wenn wir im Krankenhaus ankommen, fragen wir Brigitta nach Rohan. Wir erfahren, dass es seinen Wunden besser geht und dass auch er jetzt eine tägliche ambulante Behandlung bekommt. Also versuchen wir, unsere Termine so zu legen, dass wir ihn sehen können, aber es klappt nie. An unserem letzten Behandlungstag bereiten wir ein Geschenk für Rohan vor: einen Turm, der aus Schichten von Tuc-Keksen und Nutella besteht, mit ganz viel Liebe hergestellt und mit Papier und vielen Bändern umwickelt.

Daran befestigen wir eine kleine Karte, mit einem kurzen Text von Alus und mir:

„Danke, lieber Rohan, für Tuc Tuc und Nutella!"

Zu unserer Überraschung überreicht uns Brigitta ein ganz ähnliches Päckchen, das Rohan und seine Mutter für uns gemacht haben. Auch sie haben uns etwas auf eine Karte geschrieben:

„Danke für Tuc Tuc und Nutella!"

Auf der Vorderseite die Zeichnung eines Vogels, der mit seinen Krallen den Zweig eines Baumes umarmt. Ich bin tief bewegt.

Kurz bevor wir aufbrechen, erzählt mir Brigitta noch, dass sie und die anderen Krankenschwestern sich fragen, was eigentlich mein Beruf ist.

„Zeit", sage ich. „Mein Beruf ist die Zeit."

Zum Abschied überreiche ich ihr eine meiner Kunstkerzen und danke ihr für ihr inspirierendes Beispiel.

Während ich
diese Geschichte aufschreibe, wünsche ich mir, dass mein
Vögelchen Rohan sie liest. Ich möchte,
dass er weiß: Wir genießen es bis heute,
Tuc Tuc und Nutella zu essen. Bis heute
benutzen wir diesen Ausdruck, wenn
wir umschreiben wollen, was das ist:

Liebe geben.

Mach ah

Er bat mich um Geld – ich schenkte ihm Zeit.

An einem warmen Sommerabend, vom Mond beschienen, begegneten wir uns. Daraus wurde für mich ein dreistündiges Abenteuer in der überraschenden, anregenden und bezaubernden Gesellschaft von Dieter. Ich trat in seinen persönlichen Kosmos ein, einen Ort weit außerhalb meiner eigenen Welt. Seit diesem Abend sehe ich die große Bandbreite im reichhaltigen Angebot des Lebens. Ich begann, Ausflüge in die vielen verschiedenen menschlichen Lebenswelten zu unternehmen. Es sind spontane Ausflüge, die mir mehr bedeuten als lang geplante Reisen in ferne Länder. Es gibt ein ganzes Universum an Menschen in unserer unmittelbaren Umgebung zu entdecken. Es gilt, unsere gegenwärtigen Momente miteinander zu teilen.

Wenige Stunden können mehr Freude
bringen als viele Urlaubstage.

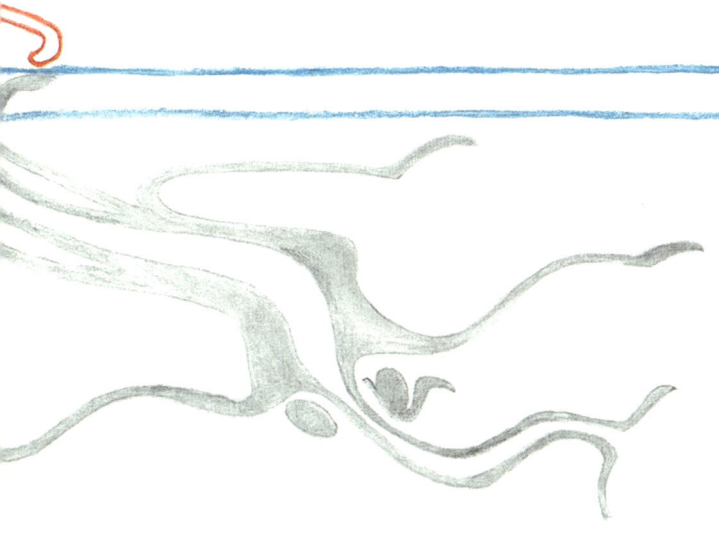

Dieser erste Ausflug begann auf einem U-Bahnhof in Berlin. ‚Ich bin spät dran!' – mit diesem Gedanken hetze ich in die U-Bahn-Station. In mir wächst die Anspannung. Ich fange an, die Zeit zu berechnen. ‚Jetzt ist es 21 Uhr. Die U-Bahn kommt in sieben Minuten. Also werde ich eine halbe Stunde zu spät kommen. Wie peinlich!' Innerlich möchte ich im Boden versinken. Meine Freundin Marie-Louise feiert ihren 45. Geburtstag. „Ich gebe ein Abendessen mit festen Sitzplätzen. Wir beginnen um 21 Uhr. Ich möchte, dass du pünktlich bist", bat Marie-Louise mit Nachdruck am Telefon, als sie mich einlud. Die Erinnerung daran lässt mich noch nervöser werden. Ich beginne, die Minuten zu zählen. Tigere auf dem Bahnhof hin und her, um die lange Wartezeit zu überbrücken. Starre in den Tunnel auf der Suche nach einem Licht, einem frühen Vorboten des einfahrenden Zuges. Laufe zur Uhr, die von der Decke hängt, und wünsche mir, dass sich der langsam vorwärtskriechende Sekundenzeiger für mich schneller dreht.

Ich schlage Zeit tot!
‚Oh nein, ich doch nicht!'
Abrupt bleibe ich stehen und besinne mich: ‚Ich liebe die Zeit! Die Zeit und ich sind Freunde.' Ich umarme die Zeit, drücke sie an mich. Wir mögen uns immer noch. ‚Ich werde diese Augenblicke des Wartens genießen. Wie kann ich es

schaffen, diese Momente nervlicher Anspannung in Momente des Glücks zu verwandeln?' Für den Gedanken, der mich so bedrängt, kommt mir eine einfache Lösung in den Sinn: ‚Ich kann Marie-Louise anrufen, um sie vorzuwarnen, dass ich später komme. Dann fängt das Essen eben ohne mich an.'

Anschließend schaue ich den Tatsachen ins Auge: ‚Ich bin zu spät, das kann ich nicht mehr ändern. Ich werde es akzeptieren.'

Eine tröstende Ruhe sinkt auf mich herab. Erst jetzt kann ich mich entspannen. Die Zeit lächelt mir zu. Ich lächle zurück. Ich setze mich auf eine Bank. Das Geschenk für Marie-Louise und meine Handtasche lege ich auf meinen Schoß.

Dann schaue ich mich um.

Ein grauhaariger Mann nähert sich mir. Er trägt ein weißes T-Shirt und kurze, rote Hosen. Eine schwarze Tasche hängt ihm über die Schulter und quer über die Brust.

„Haben Sie 20 Euro für mich?"

Ich betrachte den Mann genau. Er muss Anfang 50 sein. Die Bitte ist ungewöhnlich, aber er scheint es ernst zu meinen. Zwar habe ich es mir zur Regel gemacht zu geben, wann immer ich darum gebeten werde, aber die Forderung dieses Mannes ist unrealistisch. Also frage ich ihn: „Wofür brauchen Sie 20 Euro?"

„Mir geht's nicht gut, ich möchte mit dem Taxi nach Hause fahren", lautet seine Antwort. „Können Sie mir 20 Euro geben?"

„Ich kann Ihnen Zeit schenken."

Ich will ihm meine Hilfe anbieten, damit er nach Hause gelangen kann. Er wendet sich gleich von mir ab, jedoch nicht ohne mir zuvor einen Blick zuzuwerfen, der sagen soll: ‚Sind Sie verrückt?' Ich muss daran denken, wie viel Panik ich gerade eben noch hatte, als es mir darum ging, pünktlich zum Geburtstagsessen zu kommen. ‚Ich habe ohnehin keine Zeit zu verschenken', denke ich mir, erleichtert darüber, dass der Mann mein Angebot ausgeschlagen hat. Ich beobachte, wie er der nächsten Person dieselbe Frage stellt:

„Haben Sie 20 Euro?"

„Nein", antwortet der blonde junge Mann mit einem gequälten Lächeln. Sein Gesicht sagt: ‚Sie spinnen wohl!!!' Und wieder fragt der Grauhaarige: „Haben Sie 20 Euro für mich?"

Diesmal wendet er sich dabei an zwei elegant gekleidete Frauen.

„Sehe ich aus wie eine Millionärin?", antwortet ihm eine der beiden. Sie spricht mit einer lauten Stimme, die die Umstehenden zum Zuhören einlädt. Ihre elegant gekleidete, von Parfüm umwölkte Freundin lächelt. Sie fühlt sich gut unterhalten. Von diesem Lächeln ermutigt und vom süßlichen Duft angezogen, tritt der grauhaarige Mann ganz nah an die zweite Frau heran. Leise und mit schräg gelegtem Kopf bringt er seine herzzerreißende und für mein Empfinden ein wenig theatralische Bitte vor: „Ich fühle mich sehr krank ... Ich muss schnell nach Hause ... Ich möchte ein Taxi nehmen."

Die Frau macht zwei Schritte zurück, stellt wieder Abstand her, nachdem ihr der Mann Nähe aufgezwungen hat. Auf ihren Lippen liegt noch immer das gleiche Lächeln, als sie ihm mit scheinbar Anteil nehmender und doch strenger Stimme antwortet: „Nehmen Sie doch die öffentlichen Verkehrsmittel wie wir alle hier!" Ihr Blick und die Gesten ihrer Hände drücken noch etwas anderes aus: „Ich weiß besser als Sie selbst, was richtig für Sie ist." Nun tritt der Mann seinerseits zwei Schritte zur Seite und spiegelt der lächelnden Frau so ihren Akt der Distanzierung. Dann dreht er sich von ihr weg, um sich auf die Suche nach weiteren Kandidaten zu machen. Er wiederholt sein Anliegen und bekommt stets dieselbe Antwort. Es gelingt ihm, mehrere Personen dazu zu bringen, sich mit der Absurdität seiner Bitte auseinanderzusetzen. Köpfe werden vehement geschüttelt, es herrscht allgemeine Übereinkunft: Alle lehnen seine unpassende Bitte ab. „Für so eine

Summe sind Sie hier am falschen Platz", ruft einer. „Versuchen Sie Ihr Glück doch vor der Staatsoper!", kommentiert ein anderer Beobachter. Dieser Spruch wird mit Lachen aus der Gruppe belohnt. Ein Mann mit einem Diamantohrring gibt ungefragt seine Expertise zum Besten: „Wenn Sie einen nach maximal zwei Euro fragen, werden Sie sie wahrscheinlich bekommen. Aber doch nicht 20!"

Er sieht nach
Zustimmung heischend
in die Runde. Wieder Gelächter,
bestätigendes Kopfnicken. Allen scheint
der gleiche Gedanke durch den Kopf zu
gehen: ‚Du bist ja geisteskrank – und
das Gespräch, das wir mit dir führen,
unterhält uns, weil es uns unseren
gesunden Verstand bestätigt.‘
Die U-Bahn fährt ein.

Die Runde löst sich auf. Enttäuscht besteigt der grauhaarige Mann einen Wagen, mit hängenden Schultern und zu Boden gerichtetem Blick. ‚Er sieht frustriert aus', denke ich mir und folge ihm. Ich setze mich neben ihn und frage ihn freundlich, wie ich ihm behilflich sein kann. Sofort erhalte ich zur Antwort: „Sie können mir 20 Euro geben. Dann steige ich an der nächsten Station aus und fahre mit dem Taxi nach Hause." Er klingt verzweifelt. „Sonst schaffe ich es nicht rechtzeitig." Er blickt kurz auf die Uhr, bevor seine Augen nach einem neuen Adressaten für seine Bitte Ausschau halten. „Wie weit haben Sie es denn nach Hause?", versuche ich es erneut. „Oh, weit, sehr weit. Und ich muss um halb zehn da sein." Er wendet sich mir zu und betrachtet mich misstrauisch. Sein Gesicht kommt ganz dicht an meines heran. Ich spüre die Wärme seiner Nasenspitze an meiner Nasenspitze. Sein Gesicht bleibt regungslos, nur die Augen wandern von einer Seite zur anderen, als wolle er überprüfen, dass

niemand hören kann, was er gleich sagen wird. Dann schaut er mir direkt in die Augen und flüstert, als würde er mir ein großes Geheimnis anvertrauen: „Ich habe geschwindelt. Ich fühle mich gar nicht krank." Er ist völlig ernst. Mein Blick hält dem seinen stand: Aus den zusammengekniffenen

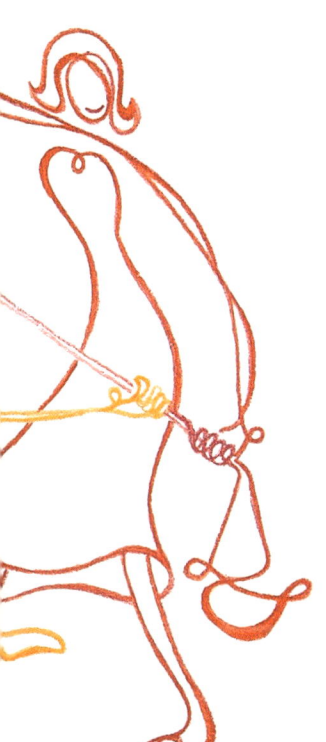

Augen eines Erwachsenen schaut mich ein Kind an. „Mit dem Taxi schaffe ich es, um halb zehn zu Hause zu sein", flüstert er weiter, als würde er etwas beichten. Also flüstere ich neugierig zurück: „Warum musst du denn um halb zehn zu Hause sein?" Er bringt wieder mehr Abstand zwischen sein Gesicht und meines, damit er mich von oben bis unten mustern kann. Offensichtlich prüft er, ob ich sein Vertrauen verdiene, bevor er mir mehr erzählt. Schweigend warte ich, bis seine zweifelnden Augen zu einem Urteil kommen. Mein stummer Blick versichert seiner besorgten Seele: ,Ich fühle mit dir. Und ich möchte es wirklich gern wissen.' Eine traurige Stimme antwortet meiner wortlosen Botschaft: „Wenn ich nach halb zehn komme, kriege ich Hausarrest." Sein Blick begegnet wieder dem meinen, seine Augen flehen um Hilfe. Ich kann seine Traurigkeit fühlen. Besorgt schaut er auf die Uhr. „Es ist schon Viertel nach neun", sagt er mit einem Schmollmund, wie ein Kind, das kurz davor ist, in Tränen auszubrechen. Er hebt die Hände, um sein Gesicht zu verbergen. Ein verzweifelter Klagelaut entringt sich seiner Brust. Mein Herz zieht sich zusammen. ,Er verhält sich wie ein Kind, wie ein verzweifeltes Kind. Ich muss ihn trösten.' Die U-Bahn hält. Das ist meine Station.

Marie-Louises Geburtstagsfest steht auf dem Spiel. ‚Du bist sowieso schon zu spät‘, buhlt die Wirklichkeit um meine Aufmerksamkeit und um meine Zeit. Ich sehe, wie die Türen der U-Bahn aufgehen. Schaue den weinenden Mann neben mir an und lege ihm eine Hand auf die Schulter, eine Trost spendende Berührung.

‚Die Wirklichkeit ist in diesem Augenblick. Die Wirklichkeit ist die Zeit, die dieser Mensch jetzt von mir braucht. Die Wirklichkeit gibt mir Gelegenheit, dieses verzweifelte Wesen zu trösten. Das ist es, was ich jetzt versuchen werde. Ich werde ihm Zeit schenken.'

Ich höre, wie die Türen der U-Bahn sich wieder schließen.
Meine Station liegt hinter mir.

Ich höre dem schluchzenden Kind-Mann neben mir zu.

„Ich bin zu spät. Sie wird wütend sein."

‚Das Gleiche könnte ich von Marie-Louise sagen', denke ich.

„Wer ist sie?", frage ich sanft. Seine Hände geben seine Augen frei, aus denen er mich ein weiteres Mal kritisch betrachtet. Kann er mir diese Antwort anvertrauen?

„Haben Sie Geld dabei? Haben Sie 20 Euro?"

„Habe ich", gebe ich zu. „Aber Geld kann dein Problem nicht lösen. Wenn du willst, schenke ich dir meine Zeit. Ich kann dich nach Hause begleiten und dir helfen, den Grund für deine Verspätung zu erklären. Warum hast du dich denn verspätet?"

Meine Hand ruht weiter auf seiner Schulter. Das soll ihn ermutigen, mir seine Sorgen anzuvertrauen. Der mitfühlende Kontakt gibt ihm Kraft. Schuldbewusst murmelt er: „Ich war mit meinen Freunden auf dem Rummel. Ich habe nicht auf die Zeit geachtet. Jetzt kriege ich Hausarrest."

Seine Stimme zittert, er wirkt panisch. Ich versuche, seine Angst zu vertreiben.

„Wie wäre es, wenn ich einen Brief schreibe, in dem ich erkläre, was du mir gerade erzählt hast?"

Hoffnung schimmert in seinen Augen auf. Er zieht die Augenbrauen hoch: „Schreibst du, dass ich brav bin? Dass ich nicht zu spät kommen wollte?"

Ich hole mein Skizzenbuch aus der Handtasche, schlage eine leere Seite auf, zücke einen Stift und fange an zu schreiben.

Er rückt noch näher an mich heran und starrt auf meine Hand. Sein Kopf wirft einen Schatten auf das Blatt Papier. Er beginnt, mir zu diktieren. Ich kann kaum erkennen, was ich schreibe, doch ich möchte seine Begeisterung nicht bremsen: „Liebe Evelyn, bitte verzeih mir. Ich mache das nie wieder ..." Er zögert. Erneut überkommt ihn Panik. Er rückt wieder von mir ab, schüttelt den Kopf und stößt einen weiteren Klagelaut aus. Sein ganzer Körper windet sich.

„Evelyn gibt mir Hausarrest."

„Wer ist Evelyn?"

„Evelyn ist die Nachtschicht. Sie arbeitet in meinem Heim. Wenn ich tagsüber raus darf, muss ich spätestens um halb zehn zurück sein. Die anderen dürfen länger bleiben, nur ich nicht", wimmert er und legt die Hand auf sein Herz.

„Ich habe einen Herzschrittmacher."

„Soll ich mit Evelyn sprechen?"

„Würdest du das tun?" Er schaut mich an, Hoffnung glimmt in seinen Augen auf.

„Natürlich." Ich gebe mir Mühe, sehr bestimmt zu klingen. ‚Hallo Evelyn, tschüss Marie-Louise! Ich werde Marie-Louise zwischendurch kurz anrufen', sage ich mir im Stillen.

„Du darfst Evelyn nicht verraten, dass ich um 20 Euro gebettelt habe! Das würde ihr nicht gefallen!", sagt er warnend und holt meine abschweifende Aufmerksamkeit aus meiner Welt in die seine zurück.

„Das werde ich nicht", versichere ich ihm. „Wir erzählen ihr, dass du auf dem Rummel warst. Wir können ihr auch erzählen, dass wir uns begegnet und ins Plaudern gekommen sind. Wir wäre das?"

„Ja, wir sind ins Plaudern gekommen, wir beide. Erzähl das Evelyn. Sag nichts von dem Rummel."

„Du solltest ihr aber die Wahrheit sagen", beharre ich. „Ich bin sicher, sie versteht das."

„Aber dann kriege ich Hausarrest!", fleht er.

„Mach dir keine Sorgen, ich werde sie überreden, dir keinen Hausarrest zu geben."

„Du bist sehr nett. Kommst du mit zu meinem Heim? Sprichst du mit Evelyn? Sag ihr, dass wir geplaudert haben und dass ich deshalb zu spät bin ... Kommst du wirklich mit zu meinem Heim?" Kurz hält er wieder inne, als misstraue er der Euphorie, in die er sich geredet hat.

„Ja, ich komme mit", versichere ich ihm.

Jetzt erstrahlt ein ganz neuer Ausdruck auf seinem Gesicht: Heiterkeit und Glück.

„Ich heiße Dieter." Überschwänglich ergreift er mit beiden Händen meine Hand und schüttelt sie heftig. „Und wie heißt du?", fragt er.

„Ich heiße Maha", antworte ich und lächle ihn an, denn der Wechsel seines Gemütszustands macht mich fröhlich.

„Mach ah", wiederholt er.

Ich sage: „Maha."

„Mach ah", versucht er wieder.

‚Wie ein Arzt, der mir in den Hals guckt', denke ich amüsiert.

„Wir müssen umsteigen, Mach ah", klärt mich Dieter auf.

„Du bist sehr nett, Mach ah."

Sein Blick ist auf die Leuchtanzeige gerichtet, die den nächsten Halt ankündigt.

„Das ist unsere Station, komm! Wir müssen umsteigen. Warte, bis der Zug anhält, und vergiss deine Tasche nicht!"

Er geht mir voran und greift wieder nach meiner Hand.

Hand in Hand verlassen wir den Zug.

„Evelyns Schicht fängt in zehn Minuten an."

„Hast du eine Telefonnummer, unter der wir sie erreichen können?", frage ich und folge ihm in eine unbekannte Richtung.

„Ich habe kein Telefon", antwortet er, während er sich mit vorsichtigen Schritten vorwärtsbewegt.

„Ich habe eins", sage ich.

Er zieht ein Stück Papier aus der Tasche und reicht es mir, darauf lese ich den Namen seines Heims und eine Telefonnummer. Als wir auf dem richtigen Bahnsteig angekommen sind, wähle ich die Nummer.

„Guten Abend, mein Name ist Maha Alusi. Ich bin hier zusammen mit Dieter, und wir würden gerne mit Evelyn sprechen."

Dieter ruft aufgeregt: „Das ist Ron von der Rezeption. Er soll dich mit Jan verbinden. Evelyn ist noch nicht da."

„Können Sie mich mit Jan verbinden, bitte? – Guten Abend, Jan. Ich heiße Maha Alusi. Dieter ist ...", beginne ich.

„Jan! Jan!", brüllt Dieter und springt hin und her. „Gib mir das Telefon!" Ich gebe es ihm.

„Hallo Jan! Hier spricht Dieter. Sag Evelyn, dass ich komme! Mach ah passt auf mein Herz auf! Mir geht's gut, Jan, und ich bin auf dem Nachhauseweg. Sag Evelyn, dass ich spät dran bin, aber nicht allein." Mit breitem Siegerlächeln drückt mir Dieter das Telefon ins Gesicht. Er nickt auffordernd.

„Hallo Jan, ich begleite Dieter zum Heim."

„Kein Problem, ich sage Evelyn Bescheid, dass er später kommt", höre ich, bevor Dieter wieder nach dem Handy greift.

„Gib mir das Telefon!"

Dieter nimmt das Gerät in beide Hände und führt es ganz nah an seine Lippen, als wäre es ein Mikrofon und als würde er gleich ein Lied hineinsingen.

„Jan! Jan! Sag Evelyn, dass ich spät dran bin, aber nicht allein. Mach ah ist bei mir. Danke, Jan. Jan! Sag das Evelyn!"

Seine Freude erhellt den gesamten Bahnsteig und springt auch auf mich über. „Das ist unsere Bahn, Mach ah, komm!"

Er greift meinen Arm und geleitet mich sanft in den Wagon.

„Komm! Hier können wir nebeneinander sitzen. – Entschuldigen Sie bitte!",
sagt er zu dem Mann gegenüber, während er sich an ihm vorbeidrängt. Er
lässt sich auf dem Sitz nieder und deutet mit nickendem Blick auf den
freien Platz neben sich. Seine laute, aufgeregte und fröhliche Stimme
weckt die Aufmerksamkeit der anderen Fahrgäste.

„Mach ah, du bist schön."

Dem Mann gegenüber sagt er: „Mach ah und ich gehen zu meinem Heim."

Der Mann sieht uns belustigt an. Mit dem Handrücken streichelt Dieter
meinen Arm.

„Mach ah, du bist soooo nett!"

Dem Mann gegenüber sagt er: „Mach ah ist sehr nett."

Dann wendet er sich wieder zu mir: „Du kommst mit mir nach Hause.

Wir haben geplaudert, und jetzt ist es spät geworden.

Deshalb kommst du mit mir nach Hause."

Der Mann gegenüber lächelt vielsagend.

Ich frage mich, was er jetzt wohl denkt,

und verspüre den Drang, etwas zu

sagen, das die Situation erklärt.

Aus der Plastiktüte, die ich

bei mir trage, hole ich meine

fußballgroße zwölfdochtige

Kerze heraus und zeige sie

Dieter.

„Das ist mein Geschenk für Marie-
Louise, ich habe es selbst gemacht.
Nachdem ich dich nach Hause gebracht
habe, gehe ich auf ihr Geburtstagsfest."
Dieter ist beeindruckt. Er hebt die Kerze auf seinen
Schoß und beginnt, sie zu streicheln.

„Die ist aber schön", sagt er. „Wie schön. Mach ah hat das gemacht!", bezieht er den Mann mit ein.

„Siehst du, Dieter? Vor ein paar Minuten warst du noch traurig, und jetzt bist du schon wieder glücklich! Wenn wir glücklich sind, sind die Dinge schön. Wenn wir glücklich sind, schenken uns die Menschen ihr Lächeln. Wenn wir glücklich sind, fliegt die Zeit, und das ist gut so. Auf dem Rummel warst du glücklich, da ist die Zeit schnell vergangen, das wird Evelyn verstehen."

„Immer fliegt die Zeit davon. Sie sollte langsam kriechen", sagt Dieter und lacht über seinen eigenen Witz. „Ich würde auch gern fliegen können! Dann wäre ich immer pünktlich zu Hause. Und ich könnte Bernie besuchen, wann immer ich will. Morgen ist Sonntag. Jeden Sonntag besuche ich Bernie. Das ist mein Cousin. Er wartet immer vor der Bäckerei auf mich. Er umarmt mich jedes Mal ganz fest, und dann kriege ich ein großes, klebriges Stück Kuchen mit Zuckerguss." Freudig erregt schaut Dieter dem lächeln- den Mann gegenüber ins Gesicht. „Sie können auch mitkommen", lädt er ihn ein. Das Lächeln des Mannes wird noch breiter.

„Hier muss ich aussteigen. Ich wünsche dir viel Glück und einen schönen Besuch bei Bernie. Und dir bei Marie-Louise." Der Mann gegenüber blickt mich an, steht auf und geht.

„Vielen Dank, mein Herr, Sie sind sehr freundlich, mein Herr", ruft Dieter ihm nach. Er wartet mehrere Sekunden und schaut ihm beim Aussteigen zu.

„Der Mann hätte nicht so gelächelt, wenn ich ihn um 20 Euro gebeten hätte", flüstert er mir schelmisch zu, während sich die Türen schließen. ‚Er hat einen ganz besonderen Humor!', denke ich und muss herzlich lachen.

Dieter hört nicht mehr auf zu reden. Er erzählt mir zahlreiche Geschichten. Eine Geschichte über seine Mutter, die vor drei Jahren starb, weshalb er in das Heim gekommen ist. Eine Geschichte über Martina, seine Stiefmutter. Auch sie ist bereits gestorben, vor sechs Monaten. Er hat sie sehr lieb gehabt und ist immer noch unendlich traurig über ihren Tod. Sein Schmerz will nicht nachlassen. Er klagt mir sein Leid auf der Suche nach Mitgefühl. Die U-Bahn hält an vielen Bahnhöfen, unsere Fahrt dauert bereits mindestens 40 Minuten.

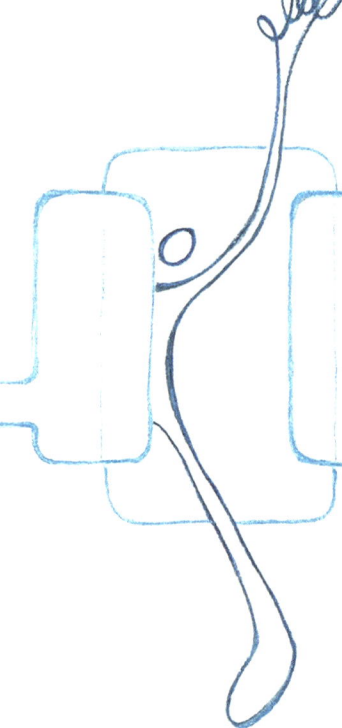

„Wie weit ist es noch bis zu dir nach Hause?", frage ich.

Dieter weicht einer Antwort aus. Er versucht, mich mit weiteren Geschichten abzulenken. Ich höre ihm zu. Endlich sagt er: „Hier müssen wir aussteigen."

‚Vielleicht schaffe ich es ja noch auf das Geburtstagsfest', hoffe ich im Stillen.

„Jetzt nehmen wir den Bus", verkündet er.

‚Was? Wir sind noch immer nicht da?', schreit es in mir. Meine Hoffnung verblasst. Dieter nimmt meinen Arm. Wieder verspüre ich den Drang, ihn danach zu fragen, wie lange wir noch brauchen, bis wir bei seinem Heim angelangt sind. Aber weil es so offensichtlich ist, dass ich keine präzise Auskunft erhalten werde, entscheide ich mich anders und überlasse mich seiner Führung. An der Bushaltestelle sage ich Dieter, dass ich Marie-Louise anrufen und meine Verspätung erklären werde. Ich wähle ihre Nummer. „Gratulier ihr auch von mir herzlich zum Geburtstag!", ruft er begeistert, als kenne er Marie-Louise persönlich. Marie-Louise nimmt ab. Sie hört sich meine Entschuldigung an:

„Ich bin Dieter begegnet, als ich gerade auf dem Weg zu dir war. Ich begleite ihn jetzt zu seinem Heim. Das dauert noch ein bisschen. Ich komme später." Als er seinen Namen hört, drückt Dieter seinen Kopf an meinen und ruft ins Telefon: „Marie-Louise! Hier spricht Dieter. Ich wünsche dir zum Geburtstag alles, alles Gute! Du sollst glücklich, gesund und reich für immer leben!"

Ich gebe Dieter das Telefon.

„Marie-Louise, kannst du mich hören? Marie-Louise? Ich wünsche dir alles, alles Gute zum Geburtstag!" Er wiederholt seine Glückwünsche noch

mehrere Male. Ich warte einige Sekunden, dann übernehme ich wieder das Telefon. Ich sage der verwirrten Marie-Louise ein kurzes „Tschüss" ins Telefon und beende das Gespräch. ‚Ich kann das später noch genauer erklären', denke ich. Der Bus kommt. Wir steigen ein.

„Das ist der Nachtbus. Den musst du nehmen, um zur U-Bahn zurückzu-fahren."

„Wie oft fährt er denn?", frage ich.

Dieter brüllt zum Busfahrer hinüber: „Busfahrer! Freundlicher Busfahrer!"

Der Busfahrer schaut uns durch seinen Rückspiegel an. „Ja?", antwortet er, in seinem Blick eine Reihe von Fragezeichen. „Wären Sie so freundlich, auf diese nette Dame hier zu warten, bis sie mich heimgebracht hat? Sie muss zurück zur U-Bahn."

„Das hängt vom Fahrplan ab", antwortet der Busfahrer unerwartet höflich auf diese ungewöhnliche Bitte. Ich danke Dieter für diese Geste der Aufmerksamkeit und dafür, sich bei dem Busfahrer für mich eingesetzt zu haben. „Kein Problem."

Stolz blickt er geradeaus. Seine Brust wölbt sich, als er tief Atem holt. „Schließlich bist du so lieb, Mach ah, und kommst mit mir ins Heim. Jetzt kann ich mein Abendbrot essen. Ich bin furchtbar hungrig."

Aus seiner schwarzen Tasche zieht er ein in Aluminiumfolie gewickeltes Päckchen und zaubert ein belegtes Brot daraus hervor. Die Folie zerdrückt er mit einer Hand und formt daraus eine Kugel. Die Kugel gibt er mir. Er kaut genussvoll sein einfaches Brot – und mir läuft das Wasser im Mund zusammen. Währenddessen erzählt er mir noch mehr Geschichten. Ich lausche seinem Schmatzen und seinen Geschichten, erfreut und hungrig zugleich. Mehrmals hält der Bus. An jeder Haltestelle schaue ich zu Dieter,

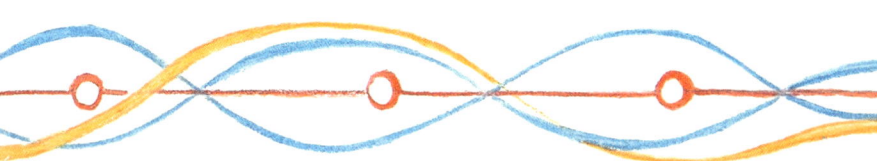

auf der Suche nach Anzeichen für unsere etwaige Ankunft. Er isst, er erzählt, er schaut nach vorn. An jeder Haltestelle hält der Bus und fährt wieder weiter. Keine Reaktion von Dieter. Kein Anzeichen dafür, dass wir unser Ziel erreicht haben.

‚Muss ich mir Sorgen machen? Kann ich ihm vertrauen? Ich habe nicht die geringste Ahnung, wann wir ankommen werden. Es kommt mir so vor, als wolle er gar nicht, dass ich Bescheid weiß‘

„Wie lange brauchen wir noch?", versuche ich es trotzdem.

„Ach, nur ein paar Minuten", antwortet er und beißt noch einmal genussvoll in sein Brot. Sein Blick gleitet in die Nacht auf der anderen Seite der Fensterscheibe.

‚Er will einer Antwort ausweichen‘, bin ich mir jetzt sicher. Die Busfahrt dauert noch weitere 15 Minuten. In der Zwischenzeit isst Dieter sein erstes Brot auf und wiederholt den Vorgang mit einem zweiten in Aluminiumfolie gewickelten Päckchen: Er packt eine Stulle aus und gibt mir eine zweite Kugel aus zusammengedrückter Folie. Diesmal erzählt er mir vom Sommerfest, das sie letzten Monat gefeiert haben. Es hatte ein Spanien-Motto und wurde großartig organisiert von Jenish, einem sehr netten Pfleger aus dem Heim, der allen beigebracht hat, zusammen zu dem Lied „La Luna" zu tanzen. „,Luna‘ heißt ,Mond‘ auf Spanisch", erklärt mir Dieter. Wir kommen an der Endhaltestelle an.

Der Bus hält.

Es ist 22 Uhr 30.

Dieter gibt mir Anleitungen zum Ausstieg aus dem Bus: „Pass auf die Stufe auf!" Er stopft sich den Rest seiner zweiten Stulle in den Mund, damit er eine Hand frei hat, um meinen Arm zu halten.

„Wir müssen noch ein Stück laufen", eröffnet er mir schließlich – ein weiteres Informationshäppchen zur Fortsetzung unserer uneindeutigen Reise.

„Hier müssen wir über die Straße gehen. Pass auf die Autos auf! Lass sie erst vorbei! Jetzt, wo Evelyn weiß, dass wir kommen, müssen wir uns nicht mehr unnötig beeilen. Du wirst ihr sagen, dass wir über deine Kerze geplaudert haben"

„Und du gehst morgen Bernie besuchen", erinnere ich ihn aufgeregt. Helles Mondlicht folgt uns und wirft unsere Schatten auf die reflektierende Oberfläche eines Parkwegs. Die Luft ist warm und unbewegt. Ein Mittsommernachtstraum. „Der Mond ist schön. Ein Licht im Dunkeln, so wie deine Kerzen." Dieter lässt den Dichter in sich zum Vorschein kommen. Sein Griff um meinen Arm wird fester. Er wendet mir sein mondbeschienenes Gesicht zu, lässt meinen Arm los und fängt an, auf dem hellen Weg im Kreis zu gehen. Dabei hebt und senkt er immer wieder die Arme. Er schaut dem Tanz seines eigenen Schattens zu und summt dazu eine bekannte Melodie. Ich erkenne das Stück und singe los: „Hijo de la luna." Ich falle in seine Bewegungen ein und beobachte meinen tanzenden Schatten neben seinem. Unsere beiden Schatten schwimmen im Lichtbad des Weges unter unseren Füßen. In meinem ganzen Leben hat es nur wenige Augenblicke gegeben, in denen das Jetzt seine Tore zur Unendlichkeit geöffnet hat, zu einem Ort, an dem der Zauber und das Märchen zu spüren sind und ein äußerst erhabenes Sein – und ich kann mich an jeden einzelnen dieser Augenblicke sehr gut erinnern. Der Schattentanz mit Dieter gehört zu diesem

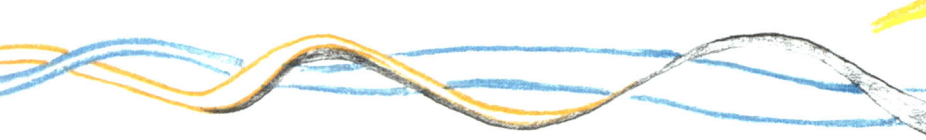

Erinnerungsschatz. Abrupt bleibt Dieter stehen. „Ich würde am liebsten die ganze Nacht lang tanzen", sagt er. „Das würde mein Herzschrittmacher aber nicht zulassen. Ich bin sehr glücklich, Mach ah!"

„Ich auch, Dieter."

Wir gehen weiter.

Jetzt ist die Zeit
gekommen, ihm zu erklären,
dass ich nicht Mach ah heiße.
„Mein Name lautet Maha. Nicht Mach ah,
sondern Ma-ha", sage ich bewusst langsam.
Dieter schaut auf meine Lippen, mehrere
Sekunden lang, wie ein Kind, das sprechen lernt.
Er fragt: „Maha?"
„Richtig!", rufe ich aus, wie eine stolze Mutter,
die die Fortschritte ihres Kindes bejubelt.
„Maha. Maha", wiederholt Dieter
ebenso stolz.

Plötzlich stehen wir vor einem großen Schild:
„Heil- und Rehabilitationszentrum".

‚Es ist 22 Uhr 45, die Zeit fliegt davon', denke ich mir. Die 15 Minuten Wegstrecke zwischen Bushaltestelle und Heim habe ich kaum bemerkt. „Das ist mein Zuhause", erklärt Dieter feierlich. „Wir klingeln jetzt, und Evelyn wird uns aufmachen." Tatsächlich erscheint eine ernste Frau hinter der Glastür. Dieter packt mich am Arm und schiebt mich vor. Die Tür geht auf. Evelyn starrt uns an.

„Dieter!", ruft sie.

„Das ist Maha. Sie hat mich bis hierher begleitet. Ich war nicht allein!" Dieters Worte überschlagen sich hektisch.

Ich sage: „Guten Abend."

„Guten Abend", erhalte ich zur Antwort.

„Du kennst die Regeln, Dieter! Jan hat mir gesagt, dass du angerufen hast, um Bescheid zu geben, dass du später kommst und nicht allein bist. Herzlichen Glückwunsch: Endlich hast du verstanden, dass es nicht sicher für dich ist, allein unterwegs zu sein." Sie lächelt aufmunternd.

„Kriege ich keinen Hausarrest? Kann ich morgen Bernie besuchen gehen?"

„Das klebrige Zuckergussgebäck darfst du dir doch nicht entgehen lassen. Außerdem wäre Bernie sicher furchtbar enttäuscht, wenn ihr euch nicht eure Spezialumarmung verpassen könntet."

Als Dieter das hört, lässt er meinen Arm los und dreht sich wieder im Kreis, mit wedelnden Armen. Erneut beginnt er, „La Luna" zu singen.

„Das ist der Einfluss von Jenish, einem unserer Pfleger. Er hat eine Leidenschaft für Musik, besonders für spanische. Davon hat sich hier so mancher Heimbewohner anstecken lassen", erklärt Evelyn und deutet mit kurzem Kopfnicken und vielsagendem Blick auf Dieter. „Ich habe schon viel von der Tanzparty gehört, die Jenish letzten Monat veranstaltet hat", sage ich.

„Ich merke schon: Dieter war mal wieder in seinem Element. Unser Dieter ist ein großer Geschichtenerzähler. Ich hoffe, Sie haben jetzt keine Kopfschmerzen", kommentiert sie trocken.

„Es war mir Freude, Ehre und Genuss, seinen Geschichten lauschen zu dürfen. Von ihm kann man viel lernen", sage ich mit Nachdruck.

„Danke, dass Sie ihn bis zum Heim begleitet haben."

Ich finde einen Mülleimer und werfe die silbrigen Folienkugeln hinein, die ich bis dahin in der Hand gehalten habe. Mein Magen knurrt. ‚Zeit für die Reste von Marie-Louises Geburtstagstafel', sage ich zu mir selbst. Ich erkläre dem kreiselnden Dieter, dass ich jetzt gehen muss. Er unterbricht seinen Tanz, kommt auf mich zu und nimmt meine Hand in beide Hände. Seine süßen Augen schauen mich an: „Kann ich dich am Sonntag besuchen kommen?" Ich bin überrascht und gerührt über diese unerwartete Bitte.

„Aber natürlich! Ich mache dir einen besonders klebrigen Zuckergusskuchen."

„Ich will so eine Kerze, wie du sie für Marie-Louise gemacht hast. Kannst du mir beibringen, eine für mich selbst zu machen?" Dann fragt

Dieter noch, ob er seinen Cousin Bernie mitbringen darf. „Natürlich darfst du", sage ich und gebe ihm meine Visitenkarte mit Adresse und Telefonnummer. Wir verabschieden uns. Dann trete ich hinaus und winke den beiden Gestalten hinter der Glastür zu. ‚Lebe wohl, Dieter. Die Reise ist zu Ende.' Es ist 23 Uhr.

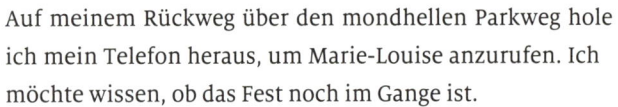

Auf meinem Rückweg über den mondhellen Parkweg hole
ich mein Telefon heraus, um Marie-Louise anzurufen. Ich
möchte wissen, ob das Fest noch im Gange ist.

„Wir warten hier alle auf dich, Maha", sagt Marie-Louise,
ohne weitere Fragen zu stellen.

„Ich brauche noch eine Weile. Und ich habe Hunger",
füge ich hinzu.

„Wir haben sowohl köstliches Essen als auch
gute Gesellschaft." Ich lege auf und mache mich
auf den Weg zu meinem ursprünglichen Ziel.
Ich lege dieselbe Strecke in umgekehrter
Richtung zurück: erst der Fußweg, dann der
Bus, schließlich die U-Bahn. Dieter muss
gewusst haben, dass es lange dauert, bis
man zu seinem Heim kommt. Und dass es
mindestens 50 Euro kostet, um mit dem
Taxi in diesen entlegenen Stadtteil zu
fahren. Er ist schon ein lustiger Kerl.

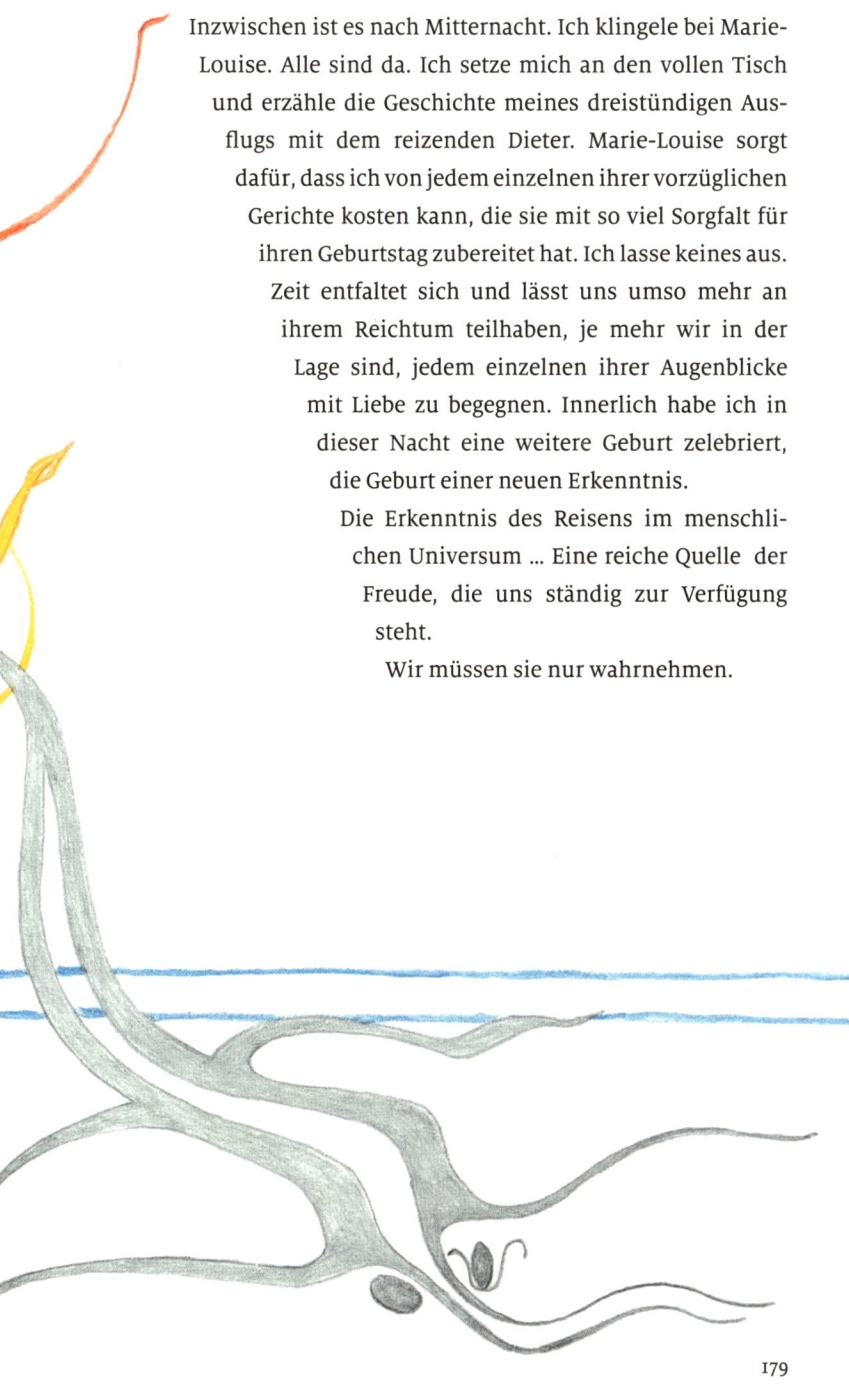

Inzwischen ist es nach Mitternacht. Ich klingele bei Marie-Louise. Alle sind da. Ich setze mich an den vollen Tisch und erzähle die Geschichte meines dreistündigen Ausflugs mit dem reizenden Dieter. Marie-Louise sorgt dafür, dass ich von jedem einzelnen ihrer vorzüglichen Gerichte kosten kann, die sie mit so viel Sorgfalt für ihren Geburtstag zubereitet hat. Ich lasse keines aus. Zeit entfaltet sich und lässt uns umso mehr an ihrem Reichtum teilhaben, je mehr wir in der Lage sind, jedem einzelnen ihrer Augenblicke mit Liebe zu begegnen. Innerlich habe ich in dieser Nacht eine weitere Geburt zelebriert, die Geburt einer neuen Erkenntnis.

Die Erkenntnis des Reisens im menschlichen Universum ... Eine reiche Quelle der Freude, die uns ständig zur Verfügung steht.

Wir müssen sie nur wahrnehmen.

Zwei Monate später bekomme ich einen Anruf von Bernie und Dieter. Wir verabreden uns für den darauffolgenden Sonntag. Sie kommen mich mit klebrigem Zuckergussgebäck besuchen. Zu dritt verbringen wir mehrere Stunden damit, eine Dunia-Kerze herzustellen. In dieser Zeit darf ich zahlreichen interessanten Geschichten sowohl von Dieter als auch von seinem Cousin Bernie lauschen. So viel ist sicher: Die Begabung, Geschichten zu erzählen, liegt in der Familie!

Bernie erzählt mir, welche Auswirkungen meine nächtliche Begegnung mit Dieter hatte: Es ist ihm gelungen, sich von dem Schmerz über den Verlust seiner Stiefmutter Martina zu befreien. Dafür bedankt sich Bernie. Obwohl die beiden sich sehr nahestehen, war es wichtig für Dieter zu erfahren, dass er auch außerhalb seiner Familie weibliche Fürsorge finden kann. Jetzt hat

der Schmerz über den Verlust seiner Mutter und Martinas einer Hoffnung Platz gemacht.

Seit diesem Sonntagsbesuch habe ich Dieter nicht mehr wiedergesehen. Aber ich bin mir sicher, dass er weiterhin ein sehr reges Leben führt, dass er noch mehr Menschen begegnet und sie stets mit seiner schönen Erzählkunst zu bezaubern versteht.

Wir haben Licht ausgetauscht – und Dieters Licht ist bis heute bei mir. Lieber Dieter, ich danke dir für dieses besondere Geschenk, das du mir gemacht hast! Das ist nun fünf Jahre her. Ich nutze die Gelegenheit, um meiner Hoffnung Ausdruck zu verleihen, dass jemand diese Worte lesen und dir meine Dankbarkeit übermitteln wird.

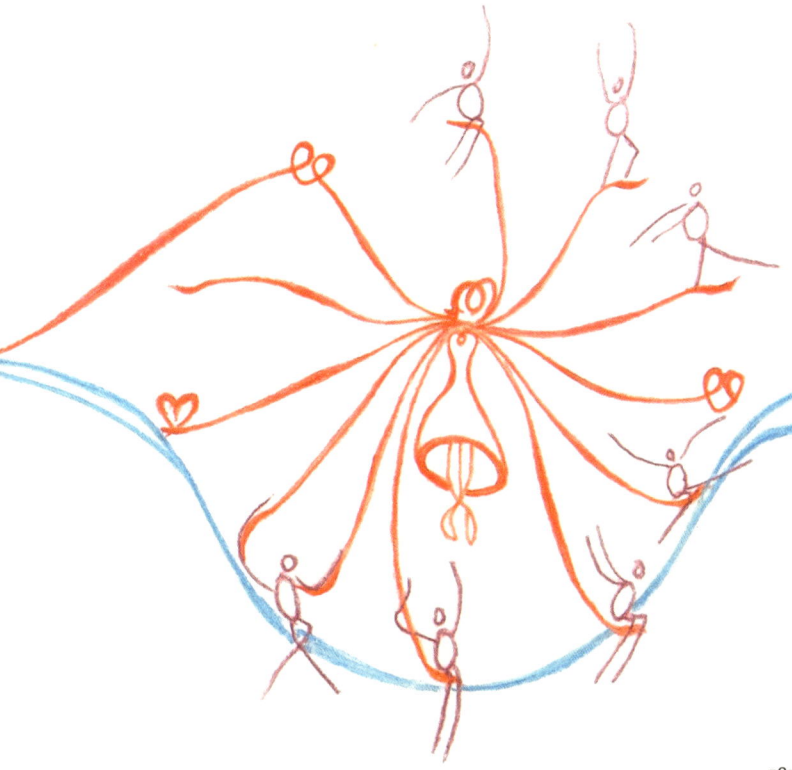

Hinter dem Spiegel

Ich habe
sie gefunden, die
unsichtbare Schönheit
hinter der Hässlich-
keit des Alterns.

Ich stehe vor dem Spiegel und betrachte zum abertausendsten Mal jene Linien, die die Zeit mir ins Gesicht gezeichnet hat.

Ich erinnere mich noch an den Moment, als ich mein eigenes Altern zum ersten Mal bemerkte. Das ist zehn Jahre her, ich war 35 – und ich erinnere mich auch, wie diese Beobachtung zur Quelle von Bedauern und Auflehnung wurde. Ich war besessen von dem Wunsch, meine Jugend nicht zu verlieren. Ich wollte das Rad der Zeit zurückdrehen. Ich wollte nicht das Gesicht, das ich in diesem Augenblick hatte, ich wollte mein Gesicht von früher.

Heute hebe ich wieder, wie schon so oft in den vergangenen zehn Jahren, meine Hände zu meinem älter werdenden Gesicht. Doch heute halte ich zum ersten Mal inne. Meine Hände bleiben in der Luft stehen. Heute werde ich das, was ich in den vergangenen Jahren tat, einmal andersherum machen: Ich ziehe meine der Schwerkraft gehorchende Haut nicht nach oben ... Stattdessen rahme ich mein Gesicht mit den Händen ein, drücke meine Haut nach unten und zwinge sie, Falten zu bilden.

Im Spiegel sehe ich das Abbild meiner selbst und ein Gesicht, das um zehn Jahre gealtert ist. Mit halb geschlossenen Augen füge ich diesem Anblick in meiner Vorstellung weitere Jahre hinzu, lade sie ein, sich in mein älteres Gesicht einzugraben. Mit den Fingern drücke ich noch mehr Haut zusammen. Jetzt liegen meine Lippen in Falten, die Haut um meinen Mund sieht vollkommen zerfurcht aus. Ich halte den Druck der Finger für ein paar Sekunden. ‚Diese alte Dame da, das bin ich in ein paar Jahren. Mindestens 70 Jahre alt‘, denke ich, auf der Suche nach einer Ziffer, die es mit der Anzahl an Falten aufnehmen kann. „So sei es! Das bist du mit 70!“, verkünde ich dem Gesicht im Spiegel. "Was hast du in den letz-

ten 25 Jahren gemacht?“, befrage ich mein älteres Selbst. „Wo ist die Zeit hingeflossen? Hast du viel davon vor dem Spiegel verbracht, deine verlorene Jugend betrauert und dir leidgetan? Hast du weiterhin deine Haut nach oben gezogen und über plastische Chirurgie nachgedacht, auf der Suche nach einem Bild von dir aus einer vergangenen Zeit?“

Ein vergnüglicher Gedanke überkommt mich, ich lebe ihn aus. Ich mache dem Gesicht im Spiegel ein Angebot: „In meinen Händen liegt die Kraft, Jugend zu verleihen, ganz ohne chirurgischen Eingriff. Ich kann deine Falten wegzaubern! Abrakadabra", murmele ich durch meine zusammengepressten Lippen. Ich nehme die Hände vom Gesicht, die Handflächen zeigen zum Spiegel, die Arme sind ausgebreitet und stehen in der Luft, links und rechts neben meinem jungen Gesicht. Ich bewundere die lächelnde Jugendlichkeit hinter der gläsernen Spiegeloberfläche! 25 Jahre, in wenigen Sekunden verschwunden! Alles, was übrig bleibt, sind die wenigen kleinen Falten meines 45-jährigen Ichs.

„Ein wahres, nicht invasives Anti-Aging-Kunstwerk!", denke ich und lobe meine magischen Talente. Freude erfüllt mich, die Leichtigkeit des Seins hebt mich empor. Ich bin high, mein eigener Scherz amüsiert mich.
„Maria, ich danke dir. Durch dich habe ich das Glück in meinen eigenen Falten gefunden."

Seit diesem umgedrehten Alterungstrip sind drei Jahre vergangen. Drei Jahre seit Marias Tod. Die 42-jährige Maria fragte sich, wie sie als alte Frau aussehen würde.

„Der Tod nimmt mir diesen Lebensabschnitt weg", sagte Maria traurig in unserem Gespräch.

„Das kann ich ändern!", behauptete ich schelmisch.

„Wirklich?", fragte sie misstrauisch.

„Komm mit!"

Ich ergriff ihre ausgestreckte Hand und zog sie mit mir. Gemeinsam standen wir vor dem Spiegel, ich hinter Maria, meine Hände umrahmten ihr schönes Gesicht. Ein Lächeln leuchtete darin auf, sie ahnte, was nun kommen

würde. Ich drückte ihr Gesicht zusammen. Sofort bildeten sich haufenweise Falten.

„So willst du doch nicht rumlaufen, oder?!", fragte ich, meinen eigenen, angewiderten Gesichtsausdruck neben ihrem alten, faltigen Gesicht betrachtend. Meine Finger drückten weiter ihre weiche Haut zusammen. Maria lachte laut auf.

„Auf dass der Tod
sein Werk verrichte. Er möge
es rasch tun und mich zu sich
nehmen, bevor diese Hässlichkeit sich
meiner jugendlichen Schönheit bemäch-
tigt!", rief sie theatralisch in den Himmel
hinauf. Wir taten beide so, als stünden
wir auf einer Theaterbühne, sprachen pathetisch und verhielten
uns aufgedreht fröhlich.

191

So verbrachten wir die wenigen Augenblicke unserer kurzen Freundschaft miteinander. Dieses menschliche Wesen mit seinem kurz gelebten Leben spielte eine wichtige Rolle für mich, denn es warf ein blitzhelles Licht auf die unsichtbare Schönheit hinter der Hässlichkeit des Alterns. Maria half mir, diese Schönheit klar und deutlich zu sehen, sie sichtbar zu machen und mit anderen zu teilen. Maria malte aus ihrem eigenen Tod ein Bild unendlicher Schönheit – mit Stil, Kreativität und Liebe. Und ich durfte miterleben, wie sie die Menschen, die ihr nahe waren, daran teilhaben ließ. Wie sie es bewerkstelligte, auch sie diese Schönheit erkennen zu lassen. Sie vermochte es, die Ängste derer, die sie liebten, in Neugier zu verwandeln, ihr Widerstreben in Freude, ihre Tränen in ein Lächeln. Statt der schmerzhaften Erinnerung an eine hässliche Tragödie hinterließ sie die süße Erinnerung an einen schönen Abschied. Gemeinsam reisten wir über die Grenzen des Lebens hinaus, schöpften daraus die Stärke und Inspiration, die wir brauchten, um unsere vergängliche Gegenwart schöpferisch zu gestalten und sie mit anderen in Augenblicken des Glücks zu teilen.

In den Gaben des Lebens – Altern und Tod –
entdeckten wir Liebe und Schönheit.
Unsere Freundschaft war kurz, aber intensiv.

Alles beginnt, als sie eines warmen Sommertags plötzlich vor meiner Tür steht. Ich sitze in der Küche am Esstisch und schreibe. Um mich auf sie aufmerksam zu machen, klopft sie an mein Fenster. Die Sonne scheint, ich sehe ihre Umrisse durch die Glasscheibe, sie winkt.

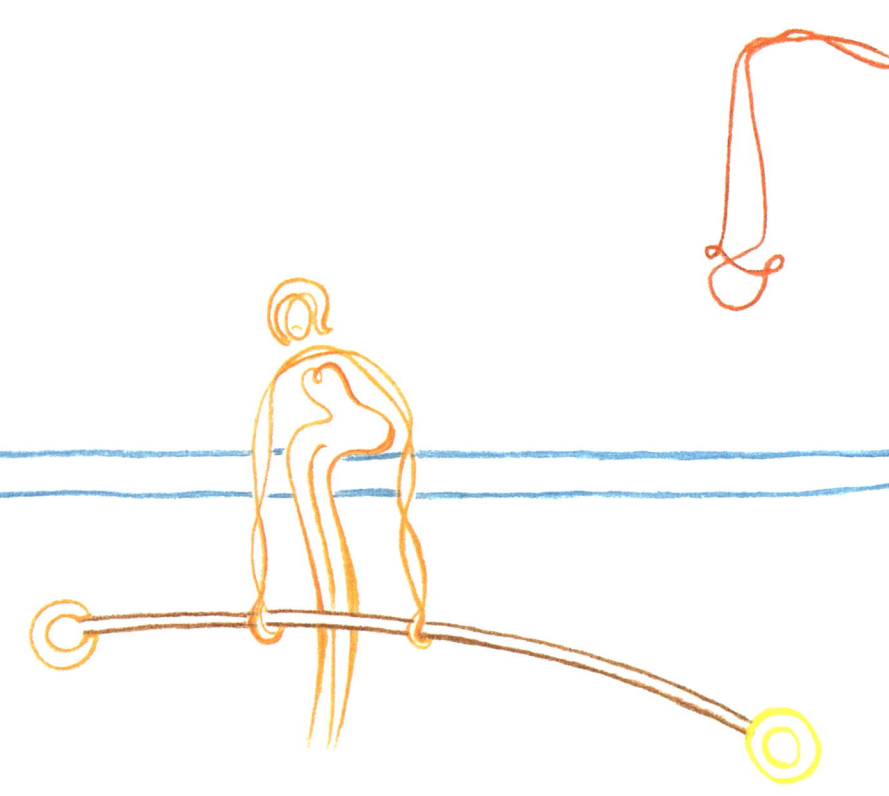

Als ich die Tür öffne, begrüßt sie mich mit einem strahlenden Lächeln.

„Entschuldigen Sie die Störung. Mein Name ist Maria, ich habe auf TEDx gehört, was Sie über die Augenblicke des Glücks gesagt haben. Damit haben Sie mich für viele Tage glücklich gemacht, und ich möchte Ihnen persönlich dafür danken." Einige Monate zuvor habe ich auf einer TEDx-Konferenz in Berlin einen Vortrag gehalten. TEDx ist ein Programm, das es sich zur Aufgabe gemacht hat, Ideen in Form kurzer Vorträge zu verbreiten. Die TEDx-Vorträge werden aufgezeichnet und als Video ins Internet gestellt. In meinem Vortrag schilderte ich anhand kurzer Geschichten aus meinem eigenen Leben meine Überzeugung, dass jeder einzelne Augenblick seinen Wert besitzt. Ich beschrieb, wie es mir, indem ich diese Tatsache ständig in meinem Bewusstsein wachhalte, immer wieder gelingt, unglückliche Momente in Augenblicke des Glücks zu verwandeln.

„Ein seltsamer Ort, an dem Sie hier leben", bemerkt Maria, als sie die Küche betritt.

Ich blicke mich um und versuche, mit ihren Augen zu sehen: Auch wenn ich diesen Raum Küche nenne, so ist er doch ein großer Multifunktionsraum mit einem drei Meter langen Tisch und zehn Stühlen. In diesem Raum arbeite, experimentiere und koche ich. Hier empfange ich Gäste, halte Meetings ab oder mache Schularbeiten mit meinen Kindern. Hier halte ich auch Vorträge oder gebe Workshops. Hier zeichne, male, nähe, schreibe, fotografiere und filme ich. Diese Küche ist die Verlängerung meiner Werkstatt, wo ich mit Wachs und zahlreichen anderen Materialien experimentiere.

In den Regalen dieser Küche bewahre ich verschiedene Kräuter, viele Gewürze, mehrere Salze sowie eine Vielzahl experimenteller Speisezutaten aus der ganzen Welt auf. Kochen und Backen sind meine größte Leidenschaft. Jede Mahlzeit ist mir jeden Tag – und mehrmals täglich – ein Anlass für ein Fest, ein Anlass, mit anderen Menschen zusammenzukommen. Über all die Jahre, die ich mit kreativem Kochen und dem Anrichten der Ergebnisse verbracht habe, ist eine Fülle an Zutaten, eine Vielzahl an Utensilien, an Gläsern, an unterschiedlich geformten und verschieden großen Tellern zusammengekommen. Jeder noch so kleine Platz wird genutzt. In

den Regalen bewahre ich außerdem zahlreiche Modelle meiner Experimente mit Wachs oder anderen Materialien auf sowie weitere Objekte, die mich faszinieren oder inspirieren. In dieser Küche kann jede Wand Geschichten erzählen: Stoffe von Kleidern, die ich genäht habe, Zeichnungen von Kindern, die ich traf, Pflanzen, die ich von meinen Spaziergängen mitgebracht habe.

Was in den Regalen steht und an den Wänden hängt, unterliegt einem permanenten Wechsel. Selbst der Fußboden verändert sich ständig. All die Wachsexperimente und das Auslegen verschiedener Materialien haben wechselnde, zeitlich begrenzte Beläge geschaffen: Stoff, Wachs, Holz, Papier, Farbe und sogar Sand.

In kurzen Sätzen erkläre ich der neugierigen Maria meine experimentellen Hobbys. Ihre weit geöffneten Augen tasten die Wände ab, während sie in dem Raum umherschlendert und verschiedene Dinge berührt, die sie besonders anziehen.

„Oh, darf ich?", fragt sie schüchtern, während sie eines der Objekte nimmt.

„Natürlich dürfen Sie", sage ich. Die Reaktion der Leute angesichts der Fülle, die dieser Raum den Augen und den Sinnen bietet, ist mir nicht neu.

„Das ist ja eine wahre Hexenküche! Ich fühle mich wie im Märchen", sagt sie, und mit Augen voller Fragezeichen nimmt sie ein weiteres Objekt in die Hand.

Ich erzähle Maria mehr über die verschiedenen Objekte. Sie hört mir aufmerksam zu. Als ich fertig bin, geht sie zurück zu dem Fenster, durch das sie anfangs gewunken hat, und schaut auf das offene, bewaldete Grundstück. Dann dreht sie sich zu mir um, und ihre Augen blicken geradewegs in meine.

„Ich habe eine Krebsdiagnose bekommen. Endstadium."

So wie sie den Satz ausspricht und wie sie mich dabei anblickt, spüre ich, dass sie noch mehr zu sagen hat. Ich ziehe einen Stuhl heran und fordere sie mit einer Geste auf, sich zu setzen. Dann hole ich zwei Gläser aus dem Regal und schenke uns Wasser ein. Dabei schaue ich die ganze Zeit in ihre Augen, in Erwartung einer Fortsetzung ihrer Geschichte.

Maria redet weiter.

Die Bewegungen ihrer Arme und Hände sind von
einer rührenden Anmut. Sie zeichnen eine unsichtbare
und doch fast greifbare Form um ihren Körper, die sich
ihren Umrissen hinzufügt und mit ihnen eine derartig
ungewöhnliche Einheit bildet, dass ich mich frage, ob
Maria von einem Ort jenseits unserer irdischen
Welt zu mir gekommen ist.

„Die Ärzte sagen, dass ich nur noch ein paar Monate zu leben habe." Erst jetzt lässt sie sich auf dem angebotenen Stuhl nieder. Ich setze mich auf einen Platz auf der anderen Seite des Tisches, ihr gegenüber. „Für eine Therapie ist es zu spät", fügt sie hinzu, mit klarer, entschiedener Stimme. „Der Tod kündigt mir seinen Besuch rechtzeitig an."

Ein Lächeln erstrahlt in ihrem Gesicht. Ich betrachte die Reflexionen des Wassers in unseren gefüllten Gläsern – ein helles Licht, das auf der weißen Tischoberfläche zwischen uns leuchtet. Dann schaue ich wieder in Marias schönes Gesicht, das von Sonnenstrahlen aus dem Fenster hinter ihr umkränzt wird. Ihr plötzliches Auftauchen, ihre Geschichte, ihr Wesen, ihre Bewegungen – all das erscheint mir surreal. Ich bin mir unsicher, was als Nächstes kommt.

„In Ihrem Vortrag erzählen Sie die Geschichte von Ihrem Sohn, von seiner Hirnhautentzündung und von den Ärzten, die Ihnen mitteilen, dass er vielleicht nur noch zwei Wochen zu leben hat. Sie berichten, wie Sie sich entschieden, die verbleibende Zeit zu genießen, wie kurz sie auch sein möge. Als ich Ihrer Geschichte zuhörte, hatte ich den Eindruck, Sie würden direkt zu mir und meinem aufgewühlten Inneren sprechen. Ihre Stimme hat mich tief berührt." Sie hält inne. „Ich beklage nicht, was mir widerfährt. Ich nehme mein kurzes

Leben mit unglaublichem inneren Frieden an. Und doch hat mich Ihre Geschichte bewegt. Ich weinte Tränen, Tränen der Traurigkeit, aber auch Tränen der Freude. Ich weiß, dass ich die mir verbleibende Zeit genießen kann, egal wie kurz sie ist." Ihre Augen schauen mich zögernd an.

‚Soll das eine Frage sein?', denke ich angesichts ihres forschenden Blicks. Vor mir sitzt eine junge, gesund aussehende Frau. Die Sonnenstrahlen um ihren Kopf betonen ihre Lebendigkeit. Ihre Hand greift nach ihrem die Sonne reflektierenden Wasserglas. Indem sie es zum Mund hebt, streut sie einen Lichtschimmer durch die Luft. In diesen Sekunden, während sie das leuchtende Wasser trinkt und ich ihr dabei zusehe, kann mein Herz in ihr vergängliches und doch so schönes Wesen schauen. Ich sehe die Schönheit in ihrem Sein, die Schönheit ihrer Geschichte.

Und seltsamerweise verleiht ihr diese vergängliche, flüchtige Präsenz einen zusätzlichen Charme. Diese ehrfurchtsvollen Gedanken lassen mich verstummen.

Ich habe nichts zu sagen.
Ich bin sprachlos.

„Wir können die Zeit nicht anhalten, aber wir können
jeden vorüberziehenden Augenblick genießen.“

Laut liest sie einen Satz vor, der auf einem großen, gerahmten, an der Küchenwand hängenden Plakat steht. Diesen Satz hatte ich vor Jahren aufgeschrieben, um in Worten zu visualisieren, worum es mir in meiner Kunst geht, die von der Vergänglichkeit und dem Vergehen der Zeit inspiriert ist. Meine Kerzen sind in Wachs gegossene Performances, sie erzählen Geschichten vom Wandel und von flüchtiger Gegenwart. Ein Spiel sich teilender Flammen, schmelzenden Wachses, Augenblicke sichtbar werdender Zeit in veränderlichen skulpturalen Konstruktionen. Sie fesseln den Betrachter so lange, bis die Kerzen heruntergebrannt sind, abgestorben, ausgelöscht. In den Kerzen habe ich beides gefunden: ein Symbol der Zeit und ein emotionales Medium, das Menschen zusammenbringt, die diese Augenblicke vergehender Zeit miteinander teilen.

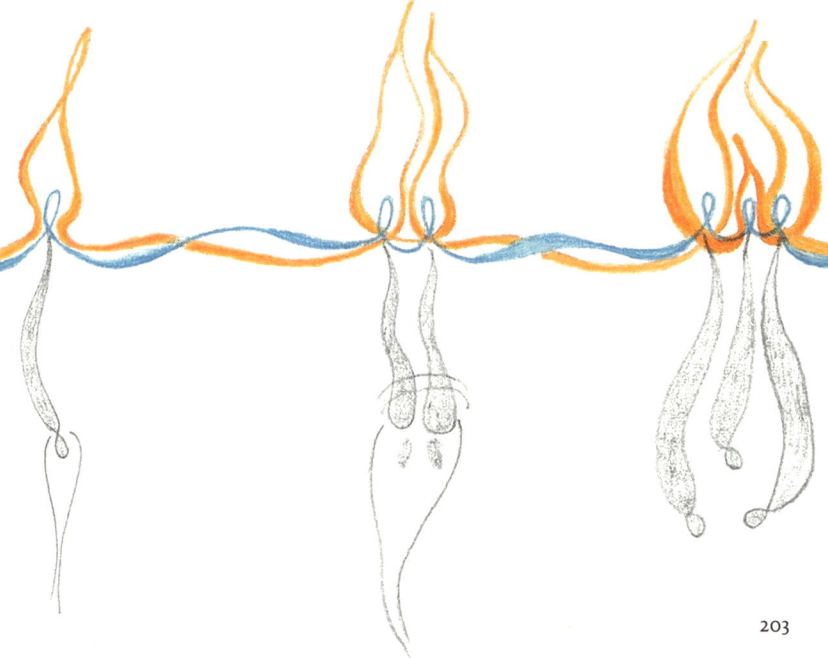

Während ich Maria zuhöre, sind mir
diese Gedanken wieder ganz nah.
„Das ist es, wonach ich gesucht habe!"
Mit den Ellbogen auf der Tischkante
lehne ich mich vor.

„Maria!", rufe ich plötzlich aus und
ergreife über den Tisch hinweg ihre
Hand. Ich halte ihre Hände und drücke sie
fest. Ich schaue tief in ihre fragenden Augen. Ich webe
Faden für Faden meine Antwort auf ihre nicht gestellten Fragen:

„Ich habe diese Worte aufgeschrieben, um die Inspiration zu erläutern,
die hinter meiner Kunst der Vergänglichkeit steckt. Sie sind das Ergebnis
einer Einsicht, zu der ich erst gelangen konnte, nachdem mir eigenes
Leid zugestoßen war."

Ermutigt durch ihren neugierigen Blick
fahre ich fort: „Vor ein paar Jahren bemerkte
ich mein eigenes Altern in meinem Gesicht. Ich
büßte die Schönheit der Jugend ein und bedauerte diesen
Verlust, fürchtete die Botschaft, die dahintersteckt: Ich wurde älter!

Eine Traurigkeit bemächtigte sich meiner, legte sich wie ein Schatten auf mein alltägliches Leben und beanspruchte viel von meiner kostbaren Zeit. Für viele Jahre wehrte ich mich gegen die offensichtliche Wahrheit, indem ich mir Gedanken darüber machte, wie ich diesen Einbahnstraßenprozess des Alterns aufhalten oder sogar umkehren könnte, und entsprechende Versuche unternahm. Doch dann geschah etwas Erstaunliches. Eine fantastische Erfahrung ermöglichte es mir, mich aus der Zeitspanne meines bisherigen Lebens herauszuzoomen. Das hat mich dazu befähigt, langsam Abstand zu gewinnen. Und erst durch diesen Abstand konnte ich meinen Verlust in einen Vergleich setzen mit dem, was andere Menschen verlieren. Der erstaunliche Zaubertrick bestand in nichts anderem als in der Magie der Beobachtung. Ich verbrachte unterhaltsame Stunden damit, die Menschen zu beobachten, ihren Worten zu lauschen, ihren Taten zuzuschauen, ihrem Leben. Das Beobachten hat mein inneres Auge geöffnet. Damit begann ich nun zu sehen.
Ich sah den Glanz der Schönheit derjenigen, die ihr Älterwerden annahmen und liebten. Ich sah die Hässlichkeit derjenigen, die sich dagegen wehrten und es verdrängten. Ich fragte mich, ob

unser Wesen nicht mit den Augen und Herzen unserer Mitmenschen gemalt ist, ob unsere Handlungen, unsere Worte und unsere Liebe die Pinselstriche in diesem Gemälde sind. Ob unsere unsichtbare Schönheit sichtbare Formen annimmt, indem wir dem Bild immer mehr Pinselstriche hinzufügen. Ich ließ diese Einsichten in mein Verhalten einfließen. Ich begann, nur das Gute im Älterwerden zu sehen, und sprach es aus. Ich vermied verächtliche Worte und blieb stets darauf bedacht, nicht in die üblichen negativen Darstellungsweisen durch die anderen Menschen zurückzufallen. Das durchzuhalten war nicht immer einfach ... Aber heute bin ich froh, es getan zu haben. Indem ich Gefühle mit Worten ausdrückte, ließ ich sie real werden. Neue Farben stürzten auf mich ein, ich konnte beim Malen der unsichtbaren Schönheit aus dem Vollen schöpfen. Die Hässlichkeit des Älterwerdens begann zu verblassen. Oh, Maria, du kannst dir die Freude nicht vorstellen! Du wirst nicht glauben, was dann passiert ist. Eine Schönheit entfaltete sich vor meinen Augen. Ich konnte kaum glauben, dass ich dafür zuvor so blind gewesen war. Eine Schönheit, von deren Existenz mein Herz mir berichtet hatte, doch meine Augen und meine Umgebung behaupteten immer das Gegenteil.

Ich sah die Zeit!
Hinter meinem Spiegelbild war die Zeit.

‚Du kannst mich nicht aufhalten, aber du kannst wählen: Verliere mich oder lebe mich‘, sah ich sie flüstern. Und wie Alice im Wunderland ging ich durch den Spiegel. Ich umarmte die Zeit und tanzte mit den flüchtigen Augenblicken. Was ich sah, das liebte ich, statt es zurückzuweisen. Seitdem betrachte ich das Älterwerden als ein Geschenk und nicht mehr als einen Verlust. Es wurde zur schöpferischen Inspiration, zu magischen Minuten. Zu einem Schatz, den ich genieße und den ich mit anderen teile, indem ich ihn visualisiere.

Du bist jetzt traurig, weil du dein Leben verlieren wirst. Die Ursache für diesen Verlust ist der Tod. Kann man den Tod lieben? Hat der Tod seine eigene Schönheit? Könnte man ihn willkommen heißen, statt ihn zu fürchten? Können wir diese sehr unerfreuliche Zeit des Wartens auf den Tod in etwas anderes verwandeln? In aufregende, schöpferische und fröhliche Augenblicke?"

Die Worte drängen aus meinem Mund und nehmen Form an, ohne dass ich sie zuvor abwäge.

‚War ich zu schnell? In wenigen Sekunden habe ich ausgesprochen, was mich Jahre des Verstehens gekostet hat.' Ich lernte meine Lektion durch vom Leben im Überfluss bereitgestellte Zeit, durch das Älterwerden. Maria bezieht ihre Lektion vom Tod. Ist die Lektion des Lebens auf die Lektion des Todes anwendbar? Besorgt schaue ich Maria an und frage mich, ob etwas von dem, was ich gesagt habe, ihre Gefühle verletzt hat. Ich bin erschrocken über meine eigenen Worte und habe Angst vor der Wirkung meiner schnellen Mutmaßungen auf ihre erschütterte Seele. Ich lasse ihre Hand los und lehne mich zurück. Beklommen erwartete ich ihre Reaktion.

Maria schaut mich schweigend an. Ihre Augen leuchten jetzt. Sie lassen eine sich entfaltende Energie erkennen, die sich auch in ihren Bewegungen ausdrückt. Langsam und elegant hebt sie die Arme, ihre Hände gleiten an ihrem Körper hoch. Auf Höhe ihres nun seitwärts geneigten Kopfes dreht sie die Handflächen nach oben. Ein Lächeln erscheint auf ihrem Gesicht, ihre Augen schauen auf eine entlegene Ecke an der Decke des Raumes. Sieht sie etwas, das nur für sie sichtbar ist? Schließlich findet sie ihre Stimme wieder. Wie ein kleines Kind, das endlich preisgibt, was in seinem Kopf herumgeht, kündigt sie an: „Ich plane meine eigene Beerdigung." Ihr Blick wandert zurück zu mir, ihre Augen schauen tief in meine. „Das klingt vielleicht sonderbar, aber auf diese Weise genieße ich die restliche Zeit meines Lebens. Ich habe mir dieselben Fragen gestellt wie du, und wie du habe ich den Tod mit liebevollen Augen betrachtet. Und das ist es, was ich gesehen habe: Mein Tod ist mir wohlgesonnen, er hat sein Kommen angekündigt. Er gibt mir die Möglichkeit, mich vorzubereiten und die Zeit, die ich noch lebe, wertzuschätzen. Der Tod hat es verdient,

zelebriert zu werden. Nur ich allein kann ihm die Schönheit verleihen, die sich mir darin offenbart. Nur ich allein kann den Menschen um mich herum zeigen, was ich sehe."
In ihren Worten liegt die Luft, die ich zum Atmen brauche. Erleichtert seufze ich auf. Meine Worte haben sie nicht verletzt, im Gegenteil.

„Meine Fantasie und meine Pläne reichen über den Moment meines Sterbens hinaus, hinaus über den Moment, in dem ich die Macht über meinen Körper verliere. In der kurzen Zeit bis dahin benötige ich die Hilfe der lebenden Seelen um mich herum, damit ich meinen Plan ausführen und meinen Traum verwirklichen kann. Ich weiß genau, was meine Angehörigen zu sehen bekommen und wie sie mich in Erinnerung behalten sollen. Ich habe schon alles ausgesucht: die Frisur, das Make-up, das Kleid. – Das Kleid habe ich sogar schon gekauft." Ihr Lächeln strahlt in voller Pracht. Ihre Begeisterung ist ansteckend.

„Das ist mein kleines Geheimnis. Niemand weiß etwas davon", kichert sie.

Ich höre mich ebenfalls kichern. Ich bin voll der Bewunderung. Maria beeindruckt mich. ‚Hier haben wir einen Menschen, der die Bedeutung des Lebens erfasst', denke ich. Maria liest meine Gedanken und fährt begeistert mit ihrer Geschichte fort:

„Ich habe eine Gästeliste geschrieben, mit meiner Familie, meinen Freunden und weiteren Menschen, die ich liebe und re-

spektiere und die mich durch Abschnitte meines Lebens begleitet haben."

Sie hält inne.

„Ich reise häufig zu der Zeit, wenn ich nicht mehr da sein werde. Ich möchte den Kummer über meinen Tod in den Herzen derjenigen lindern, die mich lieben, auch

für die Zeit, nachdem ich gegangen bin. Ich will den ersten und vermutlich schwersten Tag für sie in einen fröhlichen Aufbruch verwandeln. Ich will ihn zu einem Anlass machen, zusammenzukommen und miteinander eine schöne Zeit zu verbringen, mit leckerem Essen, guter Musik und in anregender Gesellschaft. Ich sehe lächelnde Gesichter. Ich höre heitere Gespräche. Es dreht sich nicht alles um mich an diesem Tag." Sie bricht ab, als erinnere sie sich plötzlich an etwas.

„An diesem Tag werden sich zwei Menschen finden. Ich habe eine tolle 39-jährige Single-Freundin und einen charmanten allein lebenden Bewunderer. Er wird traurig sein, dass ich nicht länger zur Verfügung stehe – aber hoffentlich nicht sehr lange, wenn er sich überwinden kann, zu meiner Abschiedsfeier zu kommen. Zwischen diesen beiden wird Liebe entstehen." Am Ende ihrer Erzählung schnappt sie nach Luft wie ein aufgeregtes Kind.

Ich betrachte ihr vor Emotionen überschäumendes Gesicht und spüre, wie sich tiefes Vergnügen in meinen Adern ausbreitet. Die Lebendigkeit, die sie trotz ihres kurzen Lebens ausstrahlt, stärkt den eigenen Lebenswunsch. Ironie des Schicksals! ‚Kann es einen anderen Sinn des Lebens geben als den, mit geliebten Menschen Zeit zu verbringen und sich so zu beschäftigen?

Wir essen, trinken, lachen, weinen, reden, wir bewegen uns – und vor allem lieben wir. Sind das nicht die Zutaten des Lebens? Maria lebt, sie hat ihr eigenes Rezept gefunden, ihre persönliche Mischung dieser Zutaten. Sie hält sich selbst in Bewegung.'

„Ich habe auch schon den Ort ausgesucht, wo meine Gäste feiern werden. Es ist mein Lieblingsrestaurant, seit Jahren schon", erklärt Maria mir mit aufgeregter Stimme.

„Es hat eine sehr schöne Atmosphäre. Ich kenne den Besitzer. Er hat meine Anfrage sehr gut aufgenommen. Um diesen Teil meines Traums wird er sich kümmern." Sie legt die Arme an den Körper und faltet die Hände. Ihre Stimme wird traurig.

„Leider muss ich all diese schönen Gedanken geheim halten, muss sie vor denen verstecken, denen ich mich besonders nahe fühle. Ich bin hin- und hergerissen zwischen meinen Ideen einerseits und andererseits dem Wunsch,

mir selbst Gutes zu tun und meinen eigenen Schmerz darüber, mein Leben und die große Liebe für die Menschen um mich herum zu verlieren, zu lindern. Aber mich tröstet der Gedanke, dass sie glücklich sein werden, wenn ich meine Pläne verwirkliche; dass ich ihren Schmerz lindern werde. Sie wollen mir nicht zuhören. Ich kann sie nicht dazu zwingen. Aber ich brauche jemanden, mit dem ich diese Träume teilen kann. Ich muss meine

neue Leidenschaft laut äußern können.
Ich möchte all mein künstlerisches und
schöpferisches Talent in dieses Ereignis
stecken. Ich möchte meine Gefühle in
positive Bahnen lenken. Wenn ich mich
der Angst unterwerfe, bin ich schwach,
wie gelähmt. Ich möchte aus meinem
Tod eine künstlerisch inszenierte Performance machen. Ich möchte die Regis-
seurin dieser Performance sein, meine
Familie und meine besten Freunde sollen
sie aufführen. Auf diese Weise kann ich
ihre Rollen bestimmen – und ich gebe
ihnen fröhliche Rollen, keine traurigen,
wo geweint werden muss. Was hältst du
davon?", fragt sie.

„Ich bin sprachlos", antworte ich. „Du
lebst dein Leben und das derjenigen um
dich herum. Meine Hochachtung!"

„Ich habe jede Menge Einfälle. Aber es kostet Zeit und Energie, andere dazu
zu bringen, mir bei der Umsetzung und Verwirklichung zu helfen", erklärt
sie. „Die Menschen, die mich lieben, warten immer noch auf ein Wunder.
Sie wollen, dass ich den Tod besiege, sie halten an mir fest, wollen mich für
sich behalten. Ich aber sehe den Tod klar und deutlich – zu deutlich, um zu
kämpfen."

Ihre Stimme wird leise, sie lässt die Arme sinken. „Es ist …" Sie hält inne, ihr Blick schweift umher. Sie streckt die Arme zur Seite aus, als suche sie die fehlenden Worte in ihrer unmittelbaren Umgebung. „Ach, es ist …" Maria winkelt die Arme an und legt beide Hände auf ihren Mund. Hinter ihren gewölbten Händen klingt gedämpft das Wort „schön" hervor. Sie beginnt zu schluchzen. Ich sehe sie weinen und erkenne die Tapferkeit, mit der sie ihr Sterben annimmt. Sie verwandelt ihren Schmerz in Freude, sie gibt ihrer Angst mit Fantasie und Kreativität eine andere Form, damit diese Angst zu etwas wird, über das sie sich freuen kann. Sie verleiht dem Tod Schönheit.

Ich versuche, fröhlich und unparteiisch zu bleiben.
Es gelingt mir nicht. Ich kapituliere vor der
Traurigkeit. Ich spüre die Tränen in
Wellen aus meinem Hals direkt in
meine Augen aufsteigen. Ich
höre sie mit einem trom-
melartigen Klang auf die
Platte des Tischs tropfen,
an dem ich sitze. Es ist
mir gleichgültig. Mir ist
jetzt nicht danach, meine

Tränen zurückzuhalten. Ich will nicht so tun, als wäre ich stark. Ich gebe mich diesen traurigen Gefühlen hin. Und dennoch will ich nicht, dass die

Traurigkeit ganz Besitz von mir ergreift. ‚Wir sind aus vielen verschiedenen Empfindungen gemacht. Erst die Mischung macht uns vollständig und lässt uns leben‘, denke ich, während ich durch meine weinenden Augen verschwommen die weinende Maria ansehe.

Wie eine Mutter, die ihrem erschöpften, tapferen Kind beim Schwimmen-lernen und dem Versuch, sicheren Boden zu erreichen, zuschaut, betrachte ich Maria, die sich schwimmend ihren Weg durch eine neue, bodenlose Welt bahnt. Ich will diesem tapferen Kind helfen, sich ein wenig auszu-ruhen, ihm unter die Arme greifen. Nur so lange, bis es wieder zu Kräften kommt und weitermachen kann. Meine Tränen nähren meine Kraft, meine Kräfte sammeln sich, mein Humor kommt mir zu Hilfe. Plötzlich weiß ich, wie ich Maria helfen werde.

‚Meine liebe Maria, du bist nicht allein. Lege deine Hände in mei-ne, lass den Kopf ruhen. Mach eine Pause! Verlass dich auf mich. Ich habe eine unter-haltsame Unterbrechung deiner harten Arbeit für dich‘, denke ich.

„Maria, meine Freundin, es ist an der Zeit, Spaß zu haben", verkünde ich laut.

Maria hebt den Kopf und schaut mich neugierig an. Ich wende mich dem Regal zu, in dem ich meine illustrierten Tagebücher aufbewahre, und suche nach dem Notizbuch aus der Zeit, als ich über eine Schönheitsoperation nachdachte. Ja, meine Notiztagebücher stehen in einem Küchenregal. Für mich sind das 37 heilige Bücher, wertvolle Bezugspunkte. Ich habe mit dem Tagebuchschreiben als Achtjährige angefangen, in den letzten 20 Jahren sind diese täglichen Aufzeichnungen zu einem Teil meines Wesens geworden. Über die Jahre habe ich eine bestimmte Art entwickelt, meine Gedanken schriftlich oder zeichnerisch zu visualisieren.

Meine Tagebücher sind zu einer sprudelnden Inspirationsquelle geworden und zu einem Vehikel, mit dessen Hilfe ich in die Vergangenheit reise. Oft beziehe ich mich auf diese aufgezeichnete Vergangenheit, wenn ich meine Zukunft plane. Hier mache ich Notizen zu Gedanken, Orten und Gefühlen, denen ich mich gegenübersehe, zu Menschen, die mir begegnen, zu Büchern, die ich lese.

Ich füge auch Fotos und ausgeschnittene Bilder hinzu, die mich faszinieren. Ich benutze sie, um mich inspirieren zu lassen. Ich benutze sie als Medium, mit dem ich durch vergangene Gedanken reise. Ich schreibe und zeichne darin auch gemeinsam mit meinen Kindern. Ich nutze sie außerdem, um Geschichten zu illustrieren, die ich anderen erzähle, Geschichten von Geschehnissen oder von Gedanken. Aus dem Reichtum dieser Bank für visuelle oder aufgeschriebene Einfälle kann ich ständig schöpfen. Heute wird mir diese Bank den Humor borgen, den ich brauche, um Marias trocknende Tränen mit einem Lachen verschwinden zu lassen. Ich habe ein bestimmtes Tagebuch im Kopf und nehme es heraus. Ich schiebe meinen Stuhl an Marias Seite, lege das Notizbuch auf den Tisch und beginne, es durchzublättern. Sie neigt sich zu mir und beobachtet mich, während ich den ersten, mit Bleistift geschriebenen Satz am Anfang der Seite vorlese: „Ich kann nicht einfach nur warten und der Veränderung zuschauen, ich werde aktiv etwas unternehmen."

Maria zeigt auf das Foto, das auf der gegenüberliegenden Seite eingeklebt ist, ein Bild von mir, als ich 35 Jahre alt war.
„Bist du das?", fragt sie.
„Vor zehn Jahren", antworte ich.
„Wie schön du warst!", flüstert sie.

Ich muss über ihr Staunen kichern: Die Schönheit, von der sie spricht, war der Grund für mein inzwischen überwundenes Verlustgefühl.
„Aber du bist immer noch genauso schön", fügt sie schüchtern hinzu.
„Siehst du, damit hat mein Problem angefangen. Ich habe mich in meine Jugend verliebt und in die Schönheit, die zu dieser Jugend gehörte! Was ging bloß in meinem Kopf herum, dass ich ein sieben Jahre altes Foto von mir eingeklebt und solch einen widerborstigen Satz aufgeschrieben habe? Habe ich meine verlorene Jugend betrauert? Wollte ich sie zurückhaben?"

Ich blättere weiter: Fotos von mir, mein Kinn an jenen Stellen, die ich verändert sehen wollte, mit dunkelblauer und schwarzer Tinte übermalt. In einem weiteren Bild klebt mein Kopf auf einem langen Drachenkörper, meine Gesichtszüge sind mit übertriebenen Begradigungen um die Kinnpartie korrigiert. Noch mehr Fotos meines Gesichts, mit hinzugezeichneten Frisuren oder schwarzen Rollkrägen. Immer geht es darum, die Veränderungen an meinem Kinn oder an meinen Wangen zu verbergen. Auf wieder anderen Bildern habe ich die schlaffe Haut am Kinn einfach mit der Schere weggeschnitten; die Löcher sind mit einer Filzstiftschraffur aufgefüllt.

„Warum hast du das gemacht?", fragt Maria belustigt.

„Das frage ich mich heute auch", antworte ich.

Wir bleiben auf einer Seite stehen, auf der viele Bilder von mir aus unterschiedlichen Jahren collagiert sind, mit Angaben zu den Daten, an denen die jeweiligen Aufnahmen gemacht worden waren. Es beginnt 1989 und geht bis 2006. Die Veränderung der Gesichtsform ist offensichtlich. Auf dem Bild von 2006 hatte ich mit einer gepunkteten Li-

nie die überschüssigen Hautpartien markiert, die ich entfernen lassen wollte. Im dazugehörigen Tagebucheintrag schreibe ich: „Ich habe mich heute eingehender darüber informiert, wie ein Facelifting durchgeführt wird. Ich bin mit diesem primitiven Verfahren nicht einverstanden. Ich lehne die versteckten Schnitte hinter den Ohren ab. Und dann erst die drastische Prozedur, mit der man die Gesichtshaut von der Muskulatur trennt, um die schlaffe Haut glatt zu ziehen! Das sind doch viel zu große Abstände! Wenn sich Falten unterhalb des Kinns befinden oder um den Mund herum, dann sollten die Einschnitte auch dort gemacht werden. Eine dadurch entstehende Operationsnarbe könnte man in Kauf nehmen. Wenn man sie nur schön formt, sollte man sie stolz ausstellen, statt sie hinter den Ohren zu verstecken ..." Maria kichert.

Ich blättere zur nächsten Seite, dort finden sich Bilder von bekannten Persönlichkeiten, denen ich Linien in die Gesichter gezeichnet habe – gerundete Linien, die markieren, wie ich mir schöne Narben vorstelle. „Genau wie in einigen afrikanischen Kulturen Ziernarben und Gesichtstätowierungen als schön gelten."

Auf der Folgeseite lesen wir gemeinsam, wie ich in meiner Handschrift und in Großbuchstaben das Loblied der Ziernarben singe.
„Ich sitze im Warteraum der Schönheitsklinik. Ich hoffe, dass dieser Chirurg die Geduld und das künstlerische Verständnis aufbringt, die seinen beiden Kollegen zuvor fehlten." Ein Frontalporträt von mir und daneben eine Profilskizze zeigen in beiden Ansichten dieselbe geschwungene, in mein Gesicht eingezeichnete „Tätowierung".

Hier blättere ich nicht weiter, sondern erkläre Maria den Zusammenhang: „Ich war damals auf der Suche nach einem Chirurgen, der auf beiden Seiten meines Gesichts Schnitte macht, um Fett abzusaugen und Falten zu entfernen, und diese dann wieder zusammennäht, entlang dieser dekorativen, einer Tätowierung ähnelnden Linie. Meine beiden ersten Besprechungstermine waren katastrophal, wie du dir vorstellen kannst. Ich wurde einfach nicht ernst genommen!" Wir lachen beide über die Geschichte, ehe ich fortfahre: „Der dritte Chirurg sagte mir Folgendes: ‚Ich verdiene mein Geld damit, dass ich anderen Leuten ins Gesicht schneide. Sie, gute Frau, sind frühestens in zehn Jahren dran. Vorher operiere ich Sie nicht. Alles, was Sie brauchen, ist die Fähigkeit, jene Schönheit zu erkennen, die Sie gerade zerstören wollen, egal wie gut Ihre künstlerischen Konzepte sein mögen. Doch wenn ich Sie in zehn Jahren operieren soll, dann werde ich das auf meine Weise tun. Ich würde Ihnen raten, Ihre künstlerischen Talente in andere Kanäle zu lenken.' Er führte mich zur Tür, wir schüttelten uns die Hände. ‚Wir sehen uns in zehn Jahren', sagte er. Ich bin nicht sicher, ob wir uns noch einmal begegnen werden", füge ich hinzu und bitte Maria, das Notizbuch wieder zu schließen. „Von diesem Tag an habe ich aufgehört, mich gegen das Älterwerden zu sträuben. Ich folgte seinem Rat und kanalisierte meine Energie in andere Richtungen. Jetzt bin ich ganz woanders." Ich habe mein Ziel erreicht: Maria lacht wieder.

„Ich kann nicht glauben, dass du all das getan hast!", sagt sie.

„Ich kann es selbst kaum glauben. Vielleicht ist das alles nur passiert, damit ich heute mit dir darüber lachen kann. Vielleicht ist das der einzige Grund

für mein merkwürdiges Verhalten vor einigen Jahren. Vielleicht habe ich mich damit nur auf diesen speziellen Augenblick vorbereitet."

Die Sonne verschwindet bereits hinter dem Horizont, als Maria wieder geht. Ich sehe ihr nach, bis ihre Umrisse mit der grünen Vegetation entlang des Gehwegs verschmelzen.

Ich hatte drei weitere Gelegenheiten, Marias Gesellschaft zu genießen, bevor sie für immer ging. Ihre Trauerfeier verlief exakt so, wie sie es sich überlegt hatte. Es war Ende April, und das Wetter passte wunderbar zu ihrem stilvollen Ende. Die Inszenierung, die Handelnden und das ganze Arrangement waren ein Kunstwerk, von sämtlichen Anwesenden zutiefst bewundert und begrüßt. Während des von Maria geplanten Mittagessens in ihrem Lieblingsrestaurant sah ich die beiden Menschen, die sie dazu auserkoren hatte, ein Paar zu werden, in ein intensives Gespräch vertieft.

Ich glaubte, sie hätte mich in jedes Detail ihrer Planungen für ihre eigene Trauerfeier eingeweiht, doch ich erlebte eine Überraschung. Jeder von uns erhielt ein Geschenk von ihr: ein kleines, aus durchsichtigem Stoff handgemachtes Säckchen. In jedem Säckchen befand sich ein Foto von ihr, mit ihrem strahlenden Lächeln, sowie ein flacher Stein, auf den sie von Hand geschrieben hatte: „In Liebe von Maria".

Auf die andere Seite des Steins hatte sie mit einem Silberstift das Symbol eines Engels gezeichnet. Ich trage dieses Abschiedsgeschenk bis heute stets bei mir.

Einmal las ich ein Zitat, das mir seitdem nicht mehr aus dem Kopf geht: „Tausende von Kerzen kann man am Licht einer Kerze entzünden, ohne dass ihr Licht schwächer wird." Marias Leben war kurz, aber ihre Kerze entzündete ein Licht in allen, die das Glück hatten, sie zu kennen und ihrer Flamme nahe zu sein. Heute habe ich die Gelegenheit, ihre Geschichte zu erzählen und ihr erloschenes Licht neu zu entzünden.

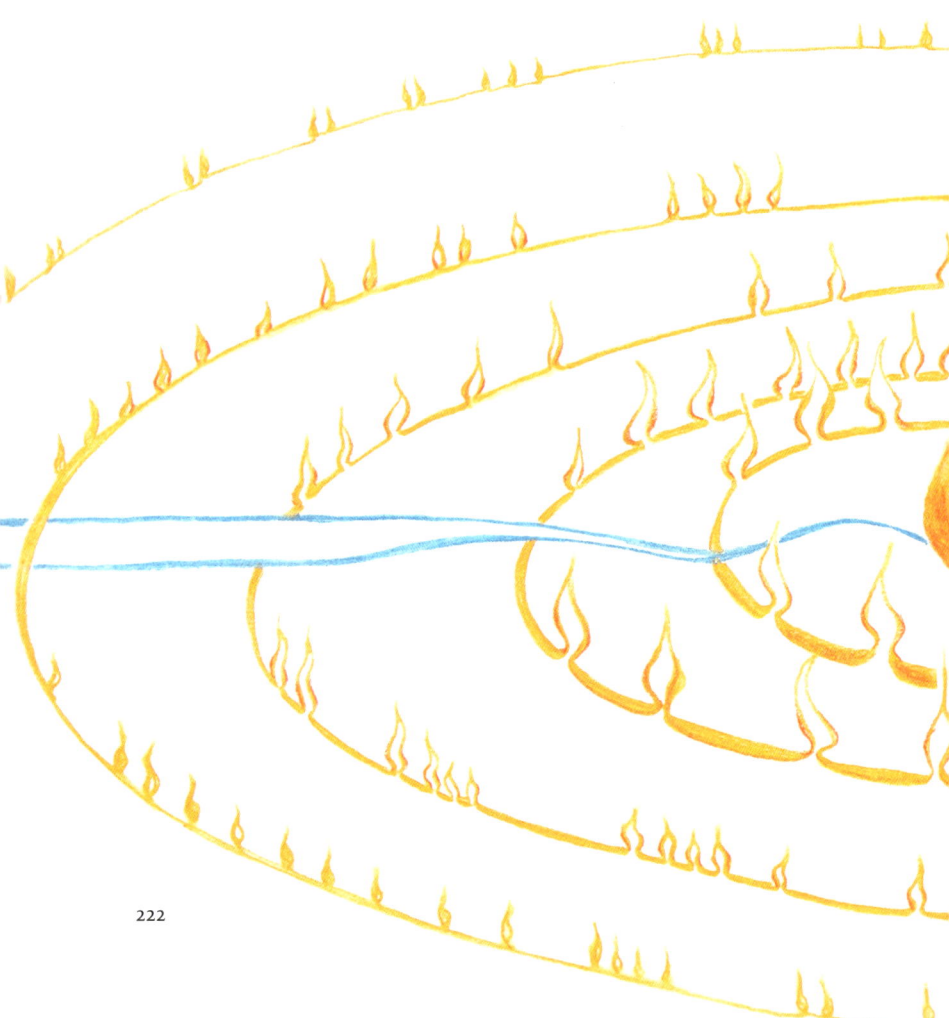

„Maria, mein schöner Engel, ich spreche zu dir!
Die Flamme deiner Kerze entzündet viele Lichter.“

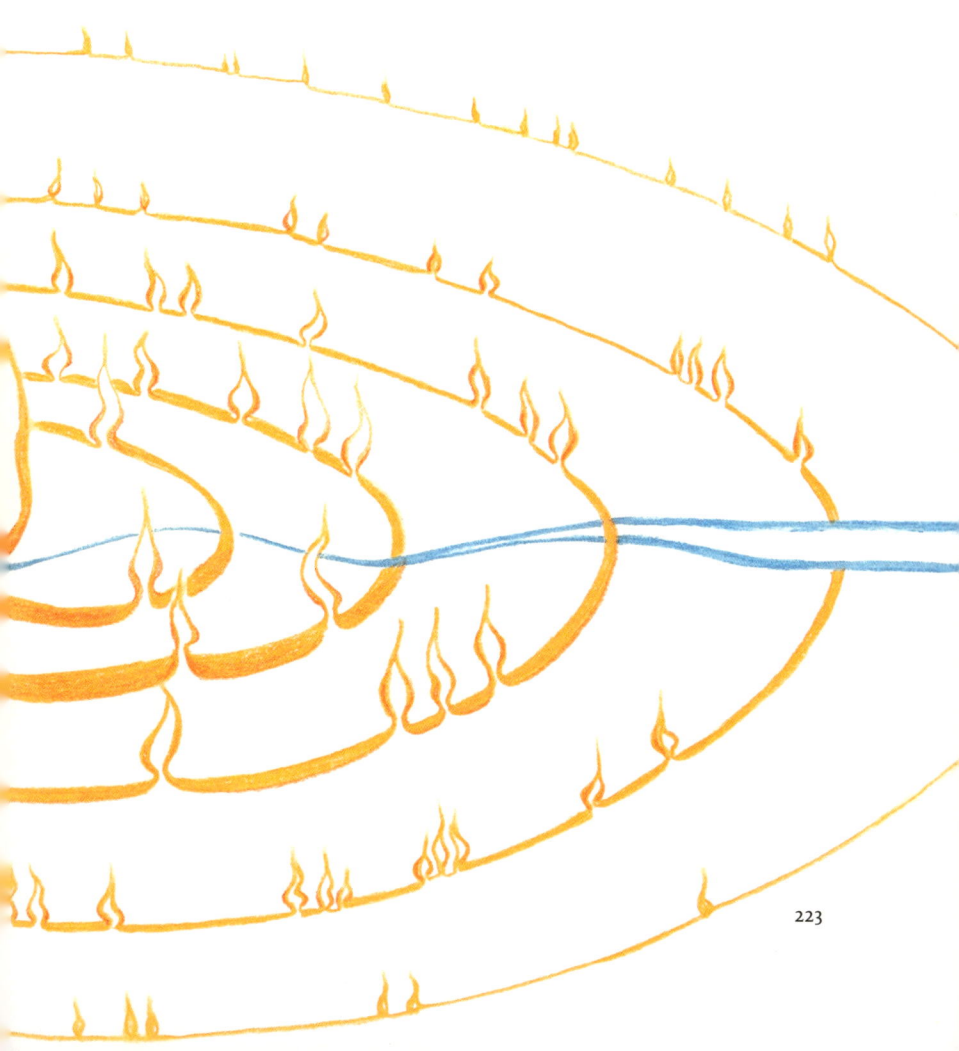

Shama the Beautiful

Dialog zwischen Zeit & Jugend

Die schöne Kerze Shama sprach:
„Ich bin jung und schön, so möchte ich bis in alle Ewigkeit bleiben.
Bitte verzehre mich nicht!"

Die Zeit in Form einer Flamme antwortete Shama:
„All die Erfahrungen, die du im Leben machst, verwandeln sich in
Licht und Wärme. Während du leuchtest, werden auch andere dein
Licht genießen. Ohne zu brennen, bist du nicht vollkommen.
All das würdest du versäumen, wenn du kalt und leblos bliebest."

Nach einem Moment der Besinnung streckte Shama der Flamme
ihren Docht entgegen und sagte:
„Bitte erleuchte mich ..."

Ich entdecke
die Magie, die aus
hässlichen, traurigen oder
angsteinflößenden Geschehnissen
Freude und Schönheit erschafft.

Die Magie liegt in meinem
eigenen Verhalten
begründet.

Ich säe
Vertrauen, nicht
Zweifel.

Ich hege
Respekt, nicht
Vorurteile.

Ich schenke
Liebe, nicht
Hass.

Ich suche Humor, nicht Furcht.

Ich verfolge Träume und teile sie.

Ich schenke Zeit.

229

Diese Magie übe ich nunmehr
seit vielen Jahren aus. Heute
kann ich mir meine Frage
selbst beantworten.

Zeit kann sich entfalten, sich ausweiten zu einem schönen Universum. Das menschliche Universum, das ich webe, wächst mit den Leben zahlreicher Menschen.

Gemeinsam erleben wir viele fröhliche Geschichten. Wenn ich unsere Geschichten weitererzähle, dann webe ich ein immer größeres menschliches Universum. Allein der Gedanke, dass andere, wenn sie diese Geschichten lesen, Augenblicke des Glücks erleben, fügt meiner Waagschale weitere glückliche Augenblicke hinzu. Welch großartige Zugabe.

Ein Hoch auf das Leben.

Und eines Tages werde ich sterben.

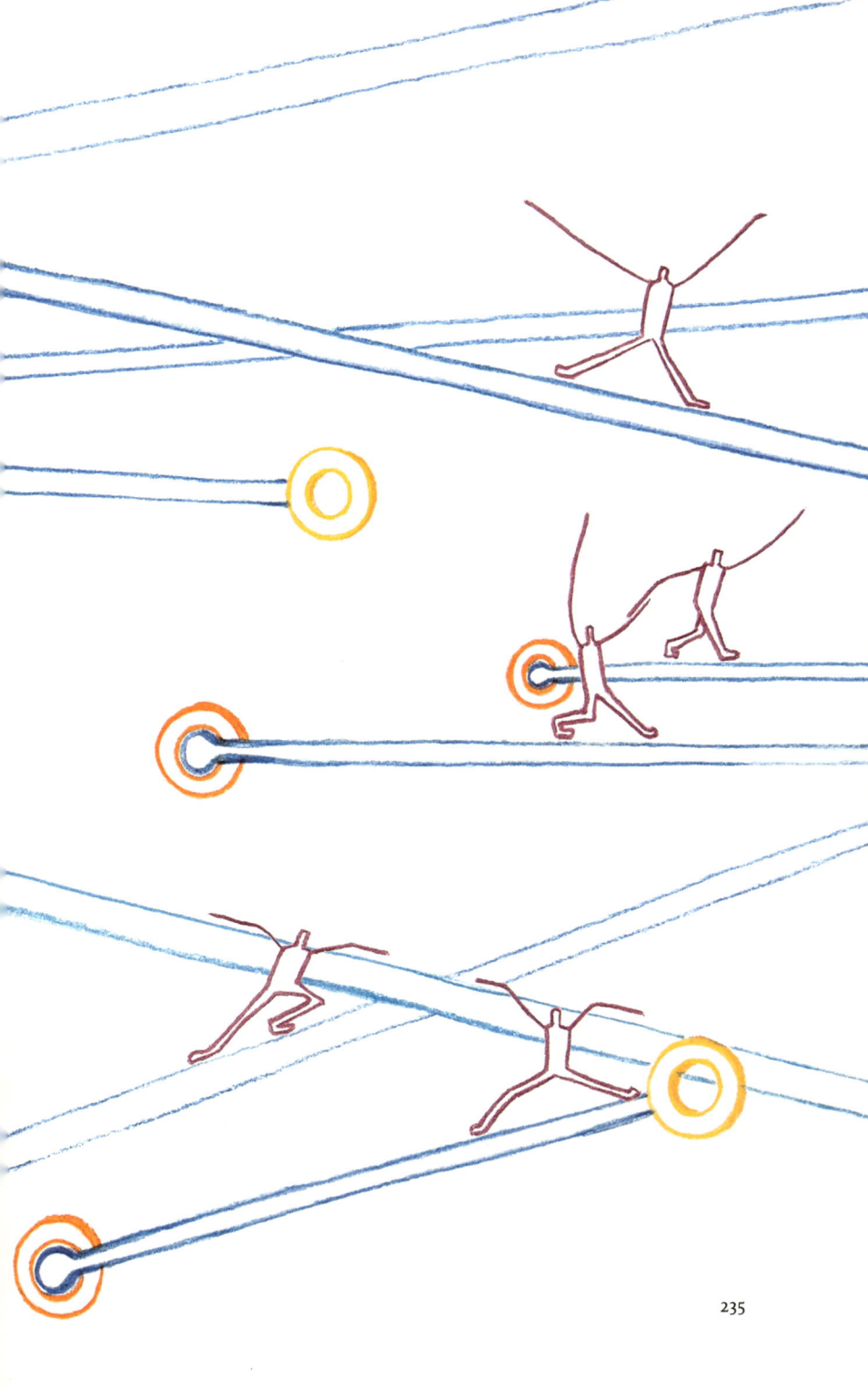

235

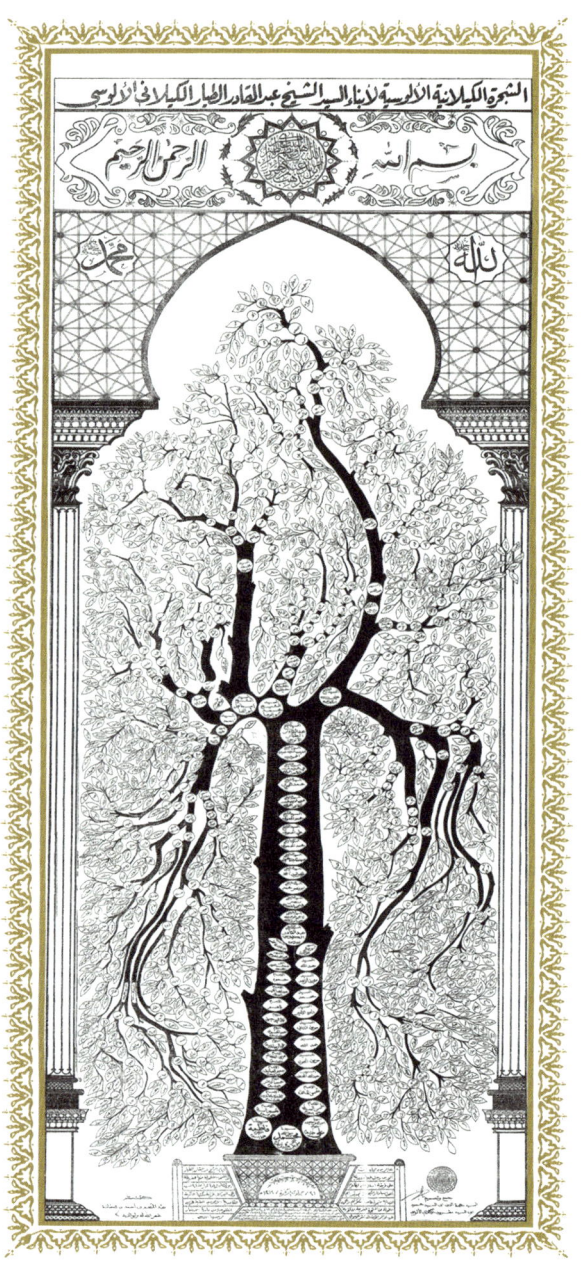

Maha Alusi entstammt einem Geschlecht von Geschichtenerzählern, Weisen, Heilern und Philosophen der Zeit. Ihre Vorfahren waren auf der Insel Alusi im Euphrat beheimatet, sie selbst lebt heute in Berlin. Über die Jahre verwandelte sie ihre Leidenschaft für die Zeit in eine Profession. Ihre Kunst erzählt Geschichten von glücklichen Momenten. So macht sie die Zeit auf ihren verschlungenen Pfaden sichtbar – sei es in Form arabesker Kerzen oder in ihren bezaubernden Geschichten in der Tradition orientalischen Erzählens.

Danksagung

Ich danke Euch!

Ulrich Ehrlenspiel, von dir kam der Auftrag, dieses Buch zu schreiben. Du gabst mir wertvolle Ratschläge, die es zu dem machten, was es jetzt ist.

René Wach, du bist meine rechte Hand, gemeinsam haben wir dieses Buch gestaltet. Du hast es möglich gemacht, dass ich vom Weben mit Worten und Linien auf Papier und in den Falten eines Buches weiterträumen und meine Ideen verwirklichen konnte. Du bist ein Künstler.

Stefan Pethke und Judith Henke, ihr wart ein wichtiger Teil bei der Umsetzung dieses Buches. Eure sprachlichen Talente haben eine Brücke für meine Worte gebaut, dank der die Verwandlung meines englischen Texts in ein kunstvolles deutsches Buch gelingen konnte.

Soma und Alus, meine Kinder, ihr seid meine wichtigste Orientierung, meine wertvollste Anregung. Ihr schenkt mir Zeit, seid stets bereit, meine Geschichten zu hören und auf sie zu reagieren, mir eure Meinung mitzuteilen. Eure Kritik hat mich sehr beeinflusst, schon immer.

Axel Pohl, du vermagst zuzuhören. Damit schenkst du einer Geschichtenerzählerin wie mir ihren Daseinsgrund.

Meinen Freunden Sabine Kowalski, Dominika Kisielewska, Nadia Obaidi, Mike Peart, Donya Aldubouni und Katrin Passinli. Meiner Schwester Sundus und ihren beiden Kindern Alyameen und Rashad.
Ihr seid meine Leser, ihr habt mir die Kraft verliehen, eine Geschichte nach der anderen fertigzuschreiben. Eure Freude, eure Begeisterung, eure konstruktive Kritik gaben mir den Anreiz, den Mut und die Lust, etwas zu erschaffen. Ohne euer Feedback komme ich nicht mehr aus.

MAHA ALUSI

MOMENTS
of Happiness

Wie wir Zeit verschenken
und Glück gewinnen

arkana
AUDIO

3 CDs

Auch als Hörbuch erhältlich!